ETF사용설명서

39세에 돈 걱정 없는 노후를 완성한 월급쟁이 부자의

ETF 사용설명서

제이투 지음

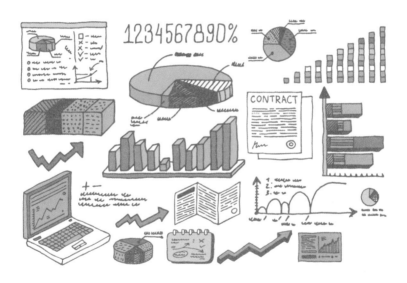

여의도
책방

일러두기

- 본 도서에 실린 도표 중 일부는 저작권자를 찾지 못했습니다. 저작권자가 확인되는 대로 정식 절차를 밟아 진행하겠습니다.
- 잡지와 신문, 도서명은 《 》로, 영화와 방송 프로그램은 〈 〉로 표기했습니다.

나는 이렇게 회사 다니면서
마음 편하게 ETF로 수익을 냈다

나는 26세에 자영업을 시작했고, 27세에는 주식 투자를 시작했으며, 30세에 영업직으로 취직해 현재는 회사원의 삶을 살고 있다. 보통 대학 졸업 후 직장인이 되어 투자를 시작하고 은퇴를 하면 자영업에 도전하는 사람들과 반대로 움직였다. 그렇기에 이 책에는 장사 4년, 투자 13년, 회사를 다니며 얻은 11년의 경험도 함께 담겨 있다.

나 역시 육아를 핑계로, 회사 일이 힘들다는 핑계로, 주말에 집에서 TV나 유튜브를 보며 허송세월을 보낸 시간도 분명히 있었다. 그러다 유튜브 한 편이 눈에 들어왔다. 신사임당이라는 이름으로 활동한 100억대 자산가이자 유튜버였다. 그는 자신의 유튜브 채널을 20억 원이라는 거금에 매각하면서 투자자로서 인생이 바뀌게 된 계기를 이야기했다. 그는 자신의 월급 체계를 계산해보고 난 다음 월급만으로는 인생이 바뀌지 않을 것 같다는 자괴감 때문에 잠을 잘 수 없었다고 토로했다.

나도 그 얘기를 듣고 내 월급 체계를 분석했다. 나 역시 월급만으로는 미래가 보장되지 않는다는 것을 금세 깨달았다. 아이가 커가면서 점점 들어가는 돈은 많았고, 회사에서 진급하더라도 월급만으로는 노후 준비가 되지 않을 것이라는 걸 알게 되었다. 또 다른 월급 파이프라인인 노후 월급이 절실했다. 그래서 돈 공부를 시작했다. 그리고 나는 ETF라는 결론에 다다랐다.

이 책은 총 5장으로 구성되어 있다. 1장에서는 제일 중요한 마음가짐에 대해 말하고 싶었다. 매일이 비슷한 사람들에게 같이 변화하자고 말하고 싶었다. 각자의 가슴에 꽉 막힌 돌덩이를 치워주고 싶었다. 우리 모두는 내심 더 나은 내일을 위해 변화하고 싶어하지만 막상 움직이기는 쉽지 않다. 변화가 두려운 사람들의 마음을 돌리는 게 첫 번째 과제였다. 어린 나이에 장사에 뛰어들고 투자를 하고 이후 직장을 다니며 경험했던 내 생각을 정리해 풀어냈다.

당장 변화해야 하는 이유를 찾았다면 본격적으로 ETF 투자가 왜 안전하며 마음 편하게 노후를 준비하는 방법인지를 알아보려 한다. 직장인은 회사 일과 가정을 돌보느라 투자할 시간이 없다. 각자의 업무가 최우선이다. 전문 투자자가 아니기 때문에 당연하다. 그러니 지금까지 투자에 실패했다고 해서 낙담하지 마시라. 투자에 집중할 시간이 없었고 접근 방식이 잘못되었기 때문이다. 이제 원인을 알았으니 해답을 찾을 수 있다. 그 해답은 ETF를 통한 복리 투자다.

2장에서는 복리 6단계 방식을 통해 시간이 늘 모자라는 직장인들이 투자 빈도를 줄이고 마음 편히 투자를 할 수 있도록 돕는다. 나만의 복리 표를 만들어 매년 복리 수익률이 마법처럼 불어나는 투자 방법을 선사한다. 핵심은 최소화다. 매번 지수 차트만 들여다볼 수 없기에 매수 및 매도 빈도를 최소화해야 한다. 지수 ETF와 달리 ETF 교차 투자를 통한 최소한의 매매만으로 복리 수익을 만들어나간다. 하루에 10분 체크리스트 목록을 만들어 투자한다면 시장의 흐름을 읽어나갈 수 있다.

직장인은 주식시장이 하락장으로 돌아섰을 때 쉽게 빠져나올 수 없다. 따라서 이 책에서는 하락장에서 빠져나오는 방법 또한 분석하고 공유한다. 다양한 ETF 투자를 공부하기 전에 기본 개념인 지수 우상향, 분할 매수, 분할 매도에 대해서 꼭 알아야 한다. 지수 우상향과 분할 매수, 분할 매도를 이해하지 못하면 투자에 실패할 수밖에 없다. 전 세계 증시는 증시가 생겨난 이후로 우상향해왔다. 따라서 우상향을 믿고 투자의 기본 뼈대를 잡아야 한다. 개별 주식은 우상향하지 않기 때문에 분할 매수와 분할 매도 전략은 반은 맞고 반은 틀리다. 하지만 지수 우상향을 이해하고 투자한다면 장기적으로는 오르게 되어 있다.

3장에서는 주식시장의 사계절 투자를 알아본다. 주식시장은 상승과 하락을 반복한다. 사계절처럼 주식시장에도 봄, 여름, 가을, 겨울이 존재한다. 이 흐름을 읽어 내지 못한다면 상승장에 번 돈을 하락장에 모두 잃고 실패한 투자자로 남게 된다. 따라서 3장에서는 다양한 ETF를 주제로 공부해본다. 이 경우 지수의 방향성과 상관없이 투자할 수 있다. 다양한 ETF는 주가 상승 시 수익이 나는 지수 ETF, 주가 하락 시 수익을 낼 수 있는 인버스 ETF, 지수와 상관없이 움직이는 원유 ETF, 환율 ETF, 미래 성장동력 ETF, 배당 ETF 등 다양하다. 다양한 ETF에 관해 공부가 되어 있다면 지수의 방향성과 상관없이 하락장에서도 수익을 내는 구조를 만들 수 있다.

4장에서는 돈 걱정 없는 노후를 완성하는 7가지 투자 원칙에 대해 알아본다. 고배당 ETF가 얼마만큼의 수익을 내는지 확인한 다음, 투자 전 고려해야 할 사항을 알아보고, 배당 재투자를 계산해 각자의 노후 월급이 얼마일지 미리 생각해볼 수 있다. 또한 ETF 배당 재투자 시뮬레이션을 통한 수익 구조도 확인해볼 수 있다.

5장에서는 각자의 라이프 사이클에 맞는 노후 월급을 만드는 배당 ETF를 알아본다. 이 부분은 지수 우상향 개념과 분할 매수, 분할 매도, 복리 개념을 공부해야 명확히 이해할 수 있다. 기본기가 되어 있지 않고 투자하는 이유가 분명하지 않으면 중도에 포기하게 된다. 배당 ETF야말로 제2의 월급 파이프라인을 만들어낼 수 있는 안전한 투자 방법이며, 지수 우상향을 바탕으로 한 지수 ETF 투자와 배당금이 더해지는 혼합 방식 투자다. 우리는 지수 ETF 방식의 우상향 전략을 바탕으로 움직이면 된다.

배당 ETF는 빨리 시작할수록 복리를 최대한 누릴 수 있는 투자 방법이며 하락장과 상관없이 일정한 금액을 꾸준히 매수하는 마음 편한 투자다. 배당받은 돈으로 재투자해 주식 수를 늘린다면 미리 노후 월급을 만들어낼 수 있다. 매달 적은 돈으로 최대의 성과를 내는 방법이 배당 ETF를 통한 재투자 방법이다. 그래서 5장에는 배당 재투자를 통한 은퇴 시점까지의 시뮬레이션이 담겨 있다. 천천히 매듭을 지으며 올라가야 튼튼한 대나무가 되는 것처럼 배당 ETF 투자는 빠르게 성과가 나는 투자 방법은 아니다. 천천히 노후를 준비하며 안전하게 인생 파이프라인을 만들어가기 위한 투자 방법이다. 투자는 단기간에 성공할 수 없다.

이제부터는 누가 노후까지 꾸준히 자신의 투자 철학을 가지고 행동해 나가는지 최종 싸움이 남아 있다. 중간에 포기하면 모든 게 물거품이 된다. 확실하게 말할 수 있다. 하이 리스크, 하이 리턴이다. 빨리 벌고 싶다면 이 책을 읽지 마시라. 빨리 벌고 싶다면 빨리 잃게 된다. 탄탄하고 안전하게 잃지 않는 투자를 해야 한다.

우리는 모두 안전한 투자처를 원한다. 각자가 책임져야 할 가족과 나 자신이 있기 때문이다. 회사에서 이리 치이고 저리 치여도 이겨내야 한다. 노후도 준비해야 한다. 그러니 힘들지만 과정을 즐기자. 인생의 터닝포인트를 만들어내자. 그건 이 책을 읽는 오늘부터 가능하다.

차례

1장　월급쟁이 부자를 만드는 마인드 특강

2장 돈을 눈덩이처럼 불리는 6단계 복리 공식

3장 하락장에도 살아남는 14가지 ETF 투자 시스템

4장 39세에 돈 걱정 없는 노후를 완성한 7가지 투자 원칙

5장 3050을 위한 똑똑한 ETF 투자 노하우 TOP 8

나는 ETF로
돈을 벌 수 있는 사람일까?

ETF에 대해서 알아보기 전에 현재 나의 ETF 투자 적합도를 알아보자. 적을 알고 나를 알아야 100전 100승이라는 말이 있듯이 현재 나의 정확한 실력을 알아야 투자에 성공할 수 있다.

1. ETF 상품에 대한 이해 수준이 어느 정도라고 생각합니까?

① ETF에 대한 기본 정보를 읽어낼 수 없다.

② ETF에 대한 기본 정보를 일부 읽어낼 수 있다.

③ ETF에 대한 기본 정보를 읽어낼 수 있고 일부 종목을 선택할 수 있다.

④ ETF에 대한 기본 정보를 읽어낼 수 있고 스스로 종목을 선택할 수 있다.

2. ETF 투자 경험(국내 ETF, 해외 ETF)이 있습니까?

① 국내에 상장한 ETF만 투자할 수 있다.

② 국내에 상장한 ETF와 국내에 상장한 해외 ETF에 투자할 수 있다.

③ 국내에 상장한 ETF와 해외에 상장한 ETF에 모두 투자할 수 있다.

④ 국내에 상장한 ETF와 해외에 상장한 ETF에 투자할 수 있고 커버드 콜 방식 ETF까지 이해하고 있다.

3. 현재 운용하고 있는 금융 자산 규모는 어느 수준입니까?

① 5,000만 원 미만   ② 5,000만 원 이상 ~ 1억 원 미만

③ 1억 원 이상 ~ 3억 원 미만   ④ 3억 원 이상

4. 현재 총 투자 중 ETF 투자 비중(주식, ETF, 파생상품 등)은 어느 정도 차지하고 있습니까?

① 10% 미만   ② 10% 이상 ~ 50% 미만

③ 50% 이상 ~ 70% 미만   ④ 70% 이상

5. ETF에 투자한 기간은 어느 정도입니까?

① 1년 미만   ② 1년 이상 ~ 3년 미만

③ 3년 이상 ~ 10년 미만   ④ 10년 이상

6. ETF에 투자하고자 하는 자금의 투자 예상 기간은 어느 정도입니까?

① 1년 미만   ② 1년 이상 ~ 3년 미만

③ 3년 이상 ~ 10년 미만   ④ 10년 이상

7. 앞으로 ETF 투자를 통해 나의 소득구조가 어떻게 변화할 것 같습니까?

① 계속 근로소득으로만 생활할 것 같다.

② 근로소득 80%, 금융소득 20%를 목표하고 있다.

③ 근로소득 60%, 금융소득 40%를 목표하고 있다.

④ 근로소득 40%, 금융소득 60%를 목표하고 있다.

ETF 투자 적합도 테스트 결과

①번은 1점, ②번은 2점, ③번은 3점, ④번은 4점으로 계산하면 된다.

~ 13점 미만	ETF 초급	복리 개념부터 이해하자!
13점 ~ 17점	ETF 중급	기본 개념부터 공부하자!
18점 ~ 22점	ETF 상급	다양한 ETF를 분석하자!
23점 ~ 28점	ETF 최상급	ETF 포트폴리오를 만들자!

▶ ETF 초급

현재 자신의 점수가 조금 낮다 해도 아쉬워할 필요가 전혀 없다. 기초부터 다질 기회다 생각하고 나아가면 된다. 세 살 버릇이 여든까지 이어지듯, 현재 당신의 투자 나이가 세 살이라고 생각하면 된다. 물론 ETF 투자를 잘한다 해도 성공하기는 힘들다. 전체 시장의 흐름과 ETF에 대한 기본 자료를 분석해낼 줄 알아야 한다. 경험이 적은 초급 투자자가 모든 것을 한번에 다 공부하려 하면 과부하가 걸려 금세 지칠 수 있다. 우선 하루에 10분이라도 경제 용어, ETF 기본 용어부터 공부해보자. 긴 여정인 만큼 조급해하지 말고 투자해나가야 한다. 어려서 축구를 배우면 보통 기본기부터 다진다. 그렇게 다진 기본기는 어른까지 이어진다. 지금 준비를 잘해나간다면 엄청난 성장을 이룰 수 있다. 초급이라면 복리 실전 6단계를 세 번 이상 읽고 외울 정도가 되어야 한다. 투자 눈높이에 맞춰 기본기를 쉽게 이해할 수 있도록 정리했다. 기본 용어와 복리 실전 6단계에 집중해보자.

TIP 복리 실전 6단계 중 초급이 가장 중요하다. 기본 용어를 숙지하고 순서대로 공부해보자.

▶ ETF 중급

중급이라면 ETF의 기본 개념을 이해한 정도다. 대나무가 탄탄하게 뿌리를 내려야 단단하게 성장하듯, 기초를 단련하는 게 우선이다. 기본기를 잘 닦아놓으면 뒤로 갈수록 투자 이해도가 급격히 높아진다. 사람들은 투자의 기본에 대해 별로 생각하지 않는다. 빨리 돈을 벌고 싶다고만 생각한다. 나 역시 시장의 흐름을 읽어내기까지 수많은 실패와 성공을 겪었다. 투자에 있어 자만심이 가장 무섭다. 알 것도 같고 모를 것도 같은 시점이 가장 위험하다. 투자의 흐름이 보일 때쯤 행운과 악재가 동시에 찾아온다. 자신만의 투자 철학이 아직 확실하지 않기 때문이다. 복리 실전 6단계를 통해 나만의 투자 철학을 확립하는 게 우선이다. 100억 원 이상 번 투자자들은 모두 자신만의 투자 철학이 확고하다. 하지만 투자 철학은 모두 다르므로 자신만의 투자 방식과 자신에게 적합한 타인의 투자 방식을 흡수해 체화해야 흔들리지 않는 투자를 할 수 있다. 투자에도 공짜가 없듯 시간을 들여보자.

▶ ETF 상급

　당신은 ETF 투자 기간이 적지 않은 투자자다. 이제는 자신의 투자 방식을 다시 살피고 안전하게 투자하는 방법과 어떤 투자 철학을 접목하면 더 크게 성공할 수 있을지 고민해보아야 한다. 당신은 이전에 큰 실패를 여러 번 맛보았을 수도 있다. 과거의 실패를 통해 급등 주식 투자나 대중에 편승해 투자하는 방법은 답이 아니라고 느꼈을지도 모른다. 돌고 돌아 제자리라는 투자 격언이 있다. 이제는 ETF를 통해 돌고 돌아 제자리로 돌아오는 투자에서 벗어나야 한다. 이 책이 제시하는 투자 방법과 노하우를 자기 방식으로 흡수하면 된다. 다 안다 해도 자만하지 말고 기초부터 튼튼하게 공부해보길 권한다. 나 또한 13년을 투자했지만, 항상 초심을 잃지 않겠다는 마음으로 공부하고 투자한다. 아마추어는 투자 성장을 멈추지만, 프로는 하루에 10분이라도 꾸준히 투자 공부를 해 이를 습관으로 삼는다. 이 차이가 큰 성과를 만든다.

▶ ETF 최상급

당신은 스스로 모든 투자를 결정하고 책임도 질 수 있는 정도의 수준이다. 하지만 이 시기에 실력을 믿고 자만에 빠져 큰 위험을 겪게 될 수도 있다. 항상 투자가 잘될 때일수록 겸손해야 한다. 이제 내면을 단단하게 하고 자신의 투자 방식과 접목해 추가로 성장할 부분이 있는지 살펴보아야 한다. 투자에 정답은 없다. 언제든 틀릴 수도 있다는 시각으로 시장을 바라봐야 한다. 현재 자신만의 투자 방식을 통해 시장을 객관적으로 바라보는 힘이 있으므로, 상승장과 하락장을 세분화해서 분류해내는 방법을 고민해볼 시기다(복리 실전 6단계에 상세히 나와 있다). 자산의 30% 정도는 다양한 ETF에 투자해 실력을 늘려보자. 자산을 관찰하다 보면 특정 기회를 마주하게 된다. 그러한 기회를 놓치지 않는 투자 방법이《ETF 사용설명서》에 담겨 있다.

TIP 아무리 실력이 출중해도 시장 앞에서는 겸손해져야 한다. 내가 틀릴 수도 있다는 마음가짐으로 탄탄하게 책을 읽어갔으면 한다. 또한, 다양한 ETF 정보를 자신의 투자 스타일로 녹여내본다.

ETF를 시작하기 전에

돈 벌어주는
18가지 ETF 용어 익히기

ETF 투자를 시작하기 전에 알아두면 도움이 되는 주요 용어들을 정리해두었다.

- **가격 괴리율** 시장 가격과 이론 가격이 떨어져 있는 비율이다. 즉, 시장 가격과 기준 가격 간의 차이가 발생했을 때 계산해볼 수 있다. '실제 가격=해당 상품의 본질적 가격'이고 '현재 가격=시장에서 거래되는 가격'이다.

- **가처분 대비 소득** 세금이나 대출 이자 등을 제외하고 자유롭게 소비와 저축을 할 수 있는 금액을 의미한다.

- **금본위 체제** 금이 세계 화폐의 중심이 되는 체제를 의미한다.

- **기축통화** 국제 단위의 결제나 금융 거래의 기본이 되는 화폐를 의미한다.

- **마켓 타이밍** 주식시장의 상승과 하락을 예측해 높은 수익률을 얻으려는 투자 행위를 말한다.

- **반대 매매** 만기까지 대출금을 갚지 못하거나 담보 가치가 일정 비율 이하로 떨어지면 대출자의 의사와 상관없이 강제로 주식을 처분하는 행위를 의미한다.

- **밸류에이션** 특정 자산 혹은 기업의 가치를 평가하는 프로세스다.

- **유동성 공급자(LP)** ETF에서 일정 시간 동안 일정한 범위 내의 호가가 없는 경우 의무적으로 매수 또는 매도 호가를 제시함으로써 유동성 부족으로 인한 거래 부진을 해소하기 위해 도입한 제도다.

- **이동평균선** 일정 기간의 주가 평균 가격을 의미한다. 5일, 10일, 20일, 60일, 120일 이동평균선이 존재한다. 주로 20일 이동평균선까지를 단기, 60일까지는 중기, 120일 초과 이동평균선은 장기로 구분한다.

- **인플레이션** 화폐가치가 하락해 물가가 꾸준히 상승하는 경제 현상을 의미한다.

- **추적 오차** 포트폴리오 구성 종목이 벤치마크를 쫓아가지 못하는 정도를 나타내며 예기치 못한 이익이나 손실이 발생할 가능성을 의미한다.

- **퀀텀 점프** 기존에 없던 혁신 제품이나 서비스를 세상에 공개하면서 회사가 비약적으로 성장하는 현상이다.

- **커버드 콜** 주식과 옵션을 동시에 거래하는 것으로, 주식을 보유한 상태에서 콜 옵션을 다소 비싼 가격에 팔아 위험을 안정적으로 피하는 방식이다.

- **텐 버거** 주식시장에서 10배 상승하는 종목을 의미한다.

- **펀더멘털** 회사의 매출액, 영업 이익 등 기업이 가진 내재가치 사실을 기록한 것이다.

- **포모**FOMO, Fear of Missing Out 자신만 뒤처지고, 놓치고, 제외되는 것 같은 불안감을 느끼는 증상을 의미한다.

- **헤지** 투자 위험을 피하기 위해 주식시장과 반대되는 포지션을 취하는 것을 의미한다.

- **PER(주가수익비율)** 1주당 주가가 수익의 몇 배가 되는지를 나타내는 지표로, 주가를 1주당 순이익으로 나눈 것이다. 만약 기업의 주식 가격이 1만 원이라고 가정하고 1주당 수익이 1,000원 발생한 경우, PER은 10이 된다.

1장

월급쟁이 부자를 만드는 마인드 특강

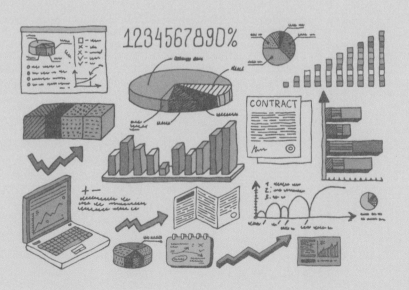

1

성실하게 일할수록
빚에 허덕이는 이유

    직장 동료 중 아이 둘을 키우는 최과장이라는 이가 있다. 그는 저금리 기조 속에 빚을 내 아파트를 마련하고 주식으로 돈을 좀 벌었을 때 자동차를 바꿨다. 이를 모두 현금으로 해결했다면 문제가 되지 않았다. 하지만 투자의 반은 빚으로 이루어졌다. 금리가 인상되자 최과장의 얼굴에 수심이 가득하다. 외벌이 월급으로 최과장은 주택 대출금과 자동차 할부 대금, 그리고 생활비와 아이들의 교육비 모두를 책임져야 하는 상황에 내몰렸다. 이처럼 미국 발 금리 인상은 우리 생활 곳곳에 파고들었다. 최과장은 대리운전을 해서라도 돈을 더 벌어야 하는지 고민하고 있다.

    2008년 유례없는 미국 발 금융위기, 리먼 브러더스 사태가 발생하며 세계 각국은 경기 침체를 막기 위해 저금리 정책 기조를 유지했다.

유럽에서는 마이너스 금리 상황도 발생했다. 하지만 계속된 저금리 정책으로 인한 유동성이 높아지며 많은 돈이 시장에 풀리자 그 가치가 떨어졌다. 금리를 올려야 하는 타이밍에 설상가상 코로나19로 인해 경기침체가 발생했다. 결국 미국은 금리를 추가로 인하하며 역사적으로 찾아볼 수 없을 만큼의 돈이 시중에 풀렸다. 돈이 하늘에서 흩뿌려지는 정도라며 사람들은 이를 '헬리콥터 살포'라고 불렀다. 그러나 이제 10년을 이어온 저금리 정책이 끝나고, '빚의 역습'이 시작됐다.

러시아-우크라이나 전쟁을 시작으로 물가는 거세게 치솟았다. 유럽으로 연결되는 가스 공급이 중단되자 천연가스 가격은 천정부지로 치솟았고 가스 공급의 수요가 원유로 몰리자 인플레이션을 자극할 수 있는 원유 가격까지 급등했다. 화폐가치의 하락과 물가상승 때문에 미국은 인플레이션을 가만히 보고만 있을 수 없었다. 물가상승은 우리가 생각하는 이상으로 치솟았다. 10% 가까운 물가상승률이 발생하자 미국은 어느 때보다 빠르게 금리 인상을 단행했다. 그러자 가파르게 올라갔던 자산은 급속도로 그 힘을 잃어갔다. 부동산 거품, 주식 버블, 빚으로 샀던 차 할부, 할부로 여행을 떠났던 카드 빚이 이제는 당장 갚아야 할 짐으로 다가왔다.

빚의 역습으로 인한 고통은 여기저기 들려왔다. 월급은 그대로인데 물가는 치솟고 화폐가치가 떨어지는 인플레이션이 발생했다. 실질적 가처분 대비 소득이 급락했다. 과거의 월급 300만 원은 체감상 200만 원으로 줄어들었다. 인플레이션의 무서움은 눈에 보이지 않고, 보이지 않아 더 무섭다. 미국은 과거 인플레이션의 무서움을 알고 있기 때문에 급하게 금리를 인상했다. 인플레이션을 끌어내리지 못하면 달러의 가치하락으로 이어져 패권 국가의 지위를 잃을 수도 있는 절체절명의 상황이다.

미국만의 문제가 아니다. 우리 삶도 절체절명의 상황이다. 그렇다고 힘들다고 주저앉아만 있을 것인가? 아니면 제2의 월급 파이프라인을 만들어나가는 노력을 해볼 것인가? 죽기 아니면 까무러치기다. 지금 바뀌지 않으면 나중은 없다. 인플레이션 상황 속에서 나의 몸값을 높이고 삶을 여유 있게 꾸려나가기 위해서 제2의 월급 파이프라인은 필수다.

우리 팀에서 제2의 월급 파이프라인을 구축해놓은 사람은 나밖에 없다. 동료 중 방법을 물어오는 이들도 많다. 하지만 직장인을 변화시키기는 쉽지 않다. 도전하기 힘들어하는 마음의 물꼬를 터줘야 한다. 웅덩이에 고여 있는 흙탕물을 개울로 연결할 수만 있다면 신선하고 맑은 물로 바뀌게 된다. 누구나 할 수 있다. 우리의 노후를 위한 준비가 필요하다. 나중은 없다. 변할 수 있는 시기는 지금뿐이다.

당신만 뒤처지고 있다

누구에게나 인생의 터닝포인트가 필요하다. 안주하는 삶에는 아무런 변화가 없다. 회사에 다니다 보면 나도 모르게 월급에 안주하는 삶을 살아가게 된다. 매달 월급이 들어오니 변화의 필요성을 느끼지 못하고 쳇바퀴 돌듯 살아가게 된다. 오늘이 내일인지 내일이 오늘인지 모른 채 하루하루 똑같은 삶을 살아가니 모두 같은 하루로 혼동되고 만다. 주말이라는 희망을 바라보며 일주일 중에 5일을 끌려다니는 삶을 살아가지만, 아이가 태어나면 주말의 여유도 사라지고 만다. 5일을 회사에 치여, 주말은 아이와 함께 일주일을 보내고 나면 그다음 일주일이 나를 기다린다. 어느새 회사에 나와 똑같은 일을 반복하는 하루를 보내고 만다.

빠르면 20대 후반, 늦으면 30대 초중반에 취업해 돈을 모으고 결혼을 준비하며 전셋집이라도 마련하면 수중에 남아 있는 돈은 아무것도 없다. 가정을 꾸리고 아이가 태어나면 조금 있는 여유마저도 사라지게 된다. 지금 바뀌지 않으면 영원히 바뀌지 않으리라는 것을 알지만 시간적 여유도, 금전적 여유도, 마음의 여유도 없이 숨 가쁘게 살아가는 게 직장인의 쳇바퀴 인생이다. 노후를 준비할 여유는 일찌감치 사치로 바뀐 지 오래다. 지금 당장 이번 달 카드 값 메우기도 빠듯하다. 아이가 둘이면 상황은 더 심각해진다.

당신은 어디에 속해 있는가

직장인을 크게 다섯 부류로 나눠 각각의 소비 패턴을 살펴보자. 첫 번째, 회사에 갓 입사한 직장인이다. 왠지 모르게 여유가 있다. 목돈이 들어갈 곳이 없으니 여행도 자주 다니는 자유로운 영혼이다. 월요일에 출근하면 지난 주 여행 이야기를 늘어놓는다. 아이를 키우는 이들은 대리만족을 느끼며 여행을 간접 체험하게 된다.

두 번째는 결혼을 앞둔 경우다. 결혼을 준비하는 데 온 힘을 나 쏟는다. 결혼에 대한 책임감도 느끼는 나이로, 세상을 바라보는 관점이 조금은 어른스러워졌다. 설렘 반, 걱정 반의 태도로 살아가게 된다. 이제부터 본격적으로 목돈이 들어가기 시작한다. 결혼 준비가 이렇게 힘들고 돈이 많이 들어가는지 몰랐다며 선배들에게 하소연한다. 인생이 조금은 험난하다는 것을 깨닫게 된다.

세 번째는 아이가 하나 있는 직장인이다. 항상 피곤하다. 아이는 사랑스럽지만 힘든 건 사실이다. 아이가 있는 가장에게는 막중한 책임감이 따라다닌다. 진급해서 월급은 좀 올랐지만 돈이 빠져나가는 속도는 체감상 곱절로 느껴진다. 월급 빼고 추가로 입금되는 파이프라인이 없다. 월급이 들어오자마자 빠져나가는 마법을 경험하게 된다. 변화를 갈구하지만, 시간이 없다는 핑계로 변화를 두려워하며 안주하는 삶을 살아간다.

네 번째는 아이가 둘 이상인 직장인이다. 세상의 온갖 무게를 짊어

저야 한다. 아이는 예쁘지만 입이 늘어나니 진급을 해야겠다는 사명감에 더 열심히 회사에 다닌다. 추가로 무언가를 계획하고 실행할 시간이 없다. 동기부여는 직장인 중에 최고다. 눈에서 불이 난다. 하지만 미래를 설계하기란 힘에 부친다.

다섯 번째는 은퇴를 앞둔 직장인이다. 이제 세상에 나가야 한다는 절박함에 두려움이 가득하다. 이제까지 아무런 준비를 해오지 않았다는 절망감과 언제라도 회사를 나가야 한다는 두려움이 이제야 몰려온다. 후배들에게 젊었을 때 준비해야 한다고 충고한다. 하지만 젊은 후배들에게는 남의 일이다. 당장 발생하지 않은 일을 지금부터 골머리 썩히기 싫어한다.

뒤늦게 회사에 들어와 느낀 것이 있다. 사람들 대부분 너무나도 노후 준비에 대해 무지하다는 것이다. 아무도 사태의 심각성을 느끼지 못한다. 준비를 해야 한다고 말하면, 시간이 없다고 핑계를 댄다. 결혼하고, 아이가 태어나면 점점 더 시간은 없어진다. 책임감은 두 배로 커진다. 그러다 보면 어느새 은퇴를 앞둔 직장인이 될 것이 눈에 훤하다. 아무런 준비를 하지 않는 직장인을 붙잡고 노후 준비의 심각성을 이야기해주고 싶다. 시간이 얼마 없다고 이야기하고 싶다. 지금 안주하면 미래는 없다고 이야기하고 싶다.

젊은 직장인들이라면 시간의 소중함을 느끼고 지금부터 노후를 준비해야 한다. 빨리 준비할수록 좋다. 은퇴를 앞둔 선배의 후회처럼 나중에 똑같은 실수를 반복하고 싶은가? 지금 준비해도 성공하리라는 보장이 없다. 하지만 철저히 준비한 사람에게 후회는 없다. 모든 걸 경험해보고 실패했을 때와 준비 없이 실패했을 때의 삶의 방향성은 완전히 다르다. 준비한 사람은 한 번 실패해도 다시 일어설 힘이 있지만 준비하지 않는 사람에게는 치킨 집 사장님밖에 되지 않는 운명이 기다린다. 이마저도 실패한다면 결과는 노후 파산이다. 월 100만 원 벌이에 전전하며 살아갈 수밖에 없다.

준비 없는 노후는 통계적으로 80% 가까이 파산에 이르게 된다. 내가 그 범주 안에 속하지 않을 것이라는 잘못된 믿음이 노후 준비를 미루는 습관으로 자리 잡게 만드는 계기가 된다. 지금 변하지 않으면 영영 변하지 못한다. 시간이 없다는 건 핑계에 불과하다. 간절하면 변하게 되어 있다. 지금 간절함을 바탕으로 준비한다면 불행한 미래를 굳이 경험하지 않아도 된다. 나중은 없다. 이 글을 읽고 있다면 지금이 당신의 인생을 바꿀 수 있는 마지막 기회다.

직장인, 감옥에 갇히다

직장인 과세표를 통해 현실을 바라보자. 연봉은 사실 과세의 늪에 빠져 있다는 것을 알 수 있다. 과세표를 이해하지 못한다면 평생 연봉의 늪에서 빠져나오지 못할 뿐 아니라 세금의 늪에 빠져 살 수밖에 없다. 그럼 객관적으로 내 위치를 확인해보자.

직장인 과세기준표

과세표준 급여	세율(%)	누진공제(만 원)
1,400만 원 이하	6	없음
1,400만 원 ~ 5,000만 원	15	84
5,000만 원 ~ 8,800만 원	24	624
8,800만 원 ~ 1억 5,000만 원	35	1,536
1억 5,000만 원 ~ 3억 원	38	3,706
3억 원 ~ 5억 원	40	9,406
5억 원 ~ 10억 원	42	17,406

연봉 분포 비교표

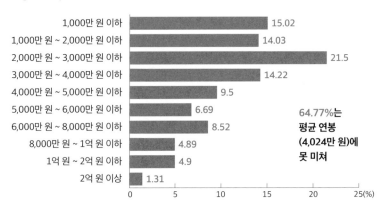

표에서 확인할 수 있듯, 대부분 직장인이 평균 4,000만 원의 연봉에 머물러 있으며 8,000만 원 이상으로 연봉이 올라간다 하더라도 35% 이상의 세금이 부과되기에 실제 수령액은 예상보다 낮다. 따라서 투자를 통해 제2의 월급을 만들어내야 한다.

ETF 사용설명서

빚의 구렁텅이에서 빠져나오는 법

벤저민 하디의 저서 《퓨처 셀프》에는 미래의 나에게 무언가를 계속 빌려오면 어느 시섬에서는 그것을 갚아야 한다는 내용이 있다. 순간적인 기분에 좌우되는 행위는 큰 대가를 치르게 마련이다. 미래의 나에게서 건강, 배움, 재정, 시간을 계속 빌려다 써서 미래의 나를 빚의 수렁으로 빠뜨릴수록 최종적으로 지급해야 하는 대가는 더 고통스럽다. 따라서 벤저민 하디는 사람들에게 미래의 빚을 끌어다 쓰지 말라고 조언한다. 현재는 소득을 끌어다 쓰고 있기 때문에 행복을 돈으로 살 수 있다. 하지만 갚아야 할 시간이 다가올수록 더 끔찍한 빈곤에 시달릴 수 있다. 그렇기 때문에 직장을 다니면서 미래의 성공적인 나를 만들어내고 노후를 풍요롭게 준비해나가기 위해서 잉여 자금은 미래를 준비하는 자금으로 쓰여야 한다.

직장인에게 최대의 적은 빚이다. 내 미래를 끌어다 쓰는 방법은 현대에 들어와 더 다양해졌다. 내가 마음만 먹는다면 흔쾌히 가져다 쓰라고 사회는 곳간을 열어준다. 직장인의 최대 장점은 신용이다. 연봉과 신용은 빚을 낼 수 있는 보증수표로 작용한다. 하지만 곳간을 열어 쓰는 순간 자본주의의 함정에 빠진다. 빚을 통해 내 소득 수준을 높이게 되면 다시는 소비 수준을 낮춰 살 수 없는 지경에 이른다. 그렇게 빚이 빚을 부르는 악순환에 빠진다. 게다가 직장인에게는 직급이라는 제도가 존재한다. 직급을 높이면 연봉이 올라간다. 연봉이 올라가면 자연스럽게 소비 수준을 높이게 된다. 작은 집에서 큰 집으로 이사를 하게 되고, 저가의 차에서 고가의 차로 바꾸게 되고, 해외여행도 수시로 가야 한다. 불필요한 물건들을 집으로 불러들인다.

주위 환경도 소비 수준을 높이라고 재촉한다. 회사 생활의 스트레스를 풀기 위해 과소비를 한다. 소비해야 직장에서의 서러움을 달랠 수 있다고 착각한다. 너도나도 소비에 관한 대화를 이어나간다. 그렇게 스트레스를 해외여행으로, 명품 쇼핑으로, 멋진 차로 바꾸면서 소비의 대화를 이어간다. 미래에 관한 고민은 시시한 이야기로 치부돼 자칫 회식 자리의 즐거움을 망치는 주역으로 작용한다.

게다가 방송에서는 여행을 가고, 오마카세를 먹고, 5성급 호텔에서 시간을 보내야 행복이라고 이야기한다. 채널을 돌리는 족족 여행, 먹방, 쾌락적 콘텐츠가 쏟아진다. 사회는 소비하라고 부추긴다. 소비해야 행복지수가 높아질 수 있다고 직장인들을 꾀어낸다. 이렇듯 노후에 대한 고민을 하더라도 준비하지 않으면, 무의식적으로 세상이 시키는 대로 끌려다니며 살 수밖에 없다.

하지만 이 책을 읽고 있다면 그나마 다행이다. 오늘부터 미래를 준비해나갈 수 있다. 우선 생각을 180도 바꿔야 한다. 그 첫 번째가 소비 수준을 높이면 안 된다. 남들과 비교하는 삶을 철저히 외면해야 한다. 잉여 자금을 노후 투자 자금으로 사용해야 한다. 장기적 계획을 세우고, 은퇴했을 때를 고려해 목표를 설정하고 접근해야 풍족한 노후를 맞이할 수 있다.

현재의 나는 과거 나의 행동의 결과다. 미래를 지금 준비해야 미래의 나, 노후의 나를 즐겁게 만날 수 있다.

2

버는 습관보다
쓰는 습관이 중요하다

이과장은 월급이 들어오는 날이면 동료들에게 하소연하기 바쁘다. 돈이 들어오자마자 바로 빠져나간다고 투덜거린다. 이번 달도 카드로 살아가야 한다고 푸념한다. 그는 60개월로 계약한 외제 차를 끌고 다닌다. 작년에 아이도 태어나고 직급도 올랐으니 외제 차는 끌고 다녀야지 않냐고 말한다. 해외여행도 참 좋아한다. 1년에 두 번 정도 해외여행을 한다. 지옥 같은 회사생활을 이겨낼 수 있는 건 해외여행밖에 없다고 한다. 하지만 아이까지 있는 이과장의 삶은 빠듯해 보인다. 여유가 있는 삶인 것 같지만 속은 문드러져 있다.

남의 이야기가 아니다. 자신의 삶은 이렇지 않은가 확인해볼 필요가 있다. 소비적 쾌락에 빠지면 당장은 행복하다. 하지만 자신이 버는 것보다 더 많이 소비하고 있다면 미래가 없다는 말과 같다. 그렇다면 쾌

　　　　　　　　　　　　　　ETF 사용설명서

락적 소비를 끊어내고 어떻게 선순환구조의 소비를 해나가야 할까?

40만 명의 구독자 수를 보유한 투자 유튜버 '돈쭐남'은 절약 콘텐츠로 유명하다. 그는 소비의 우선순위를 정해 사회가 부추기는 쾌락적 소비를 단칼에 끊어내고 미래를 준비하는 소비의 선순환구조를 만들자고 이야기한다. 만약 과소비하는 나를 만났다면 월급이 들어오자마자 바로 빠져나가는 빚의 수렁에 빠져 있을 가능성이 크다. 그가 말한 '당장 바꿔야 하는 소비 습관 10가지'는 다음과 같다. 각자 몇 가지나 해당되는지 체크해보자.

1. 구내식당 대신 점심 외식

2. 무심결에 타는 택시

3. 계획 없는 이벤트 비용

4. 습관적으로 자주 마시는 테이크아웃 커피

5. 계절마다 구입하는 신상 의류

6. 월 소득의 15%가 넘는 문화·레저 비용

7. 월 소득의 25%가 넘는 식비

8. 월 소득의 15%가 넘는 전·월세 비용

9. 신용카드로 결제한 여행 비용

10. 월 소득의 6개월 이상의 자동차 구매

소비 습관을 단번에 끊는 것은 불가능하다. 하지만 지금부터 한 달에 10만 원이라도 줄여보자. 6개월 뒤에는 30만 원을 줄일 수 있게 된다. 1년 뒤에는 50만 원도 줄일 수 있게 된다. 그렇게 만든 잉여 자금을 투자 자금으로 끌어다 써야 한다. 잉여 자금은 복리 효과를 최대한 활용해 노후 월급을 만드는 데 쓸 수 있다.

월급이 들어오면 우선 노후를 위한 자금을 빼놓는다. 30만 원도 좋다. 50만 원이면 더 좋다. 매달 일정하게 투자할 수 있는 금액을 월급에서 우선 빼두어야 한다. 투자 자금을 우선순위에 두고 투자 금액을 늘려나가는 연습을 해야 한다. 이러한 연습과 준비가 끝나면 다시 소비의 우선순위를 나열해보며 조정하자. 차를 당장 바꾸고 싶다면 몇년 뒤로 미뤄보자. 무심결에 택시를 타고 있다면 대중교통을 이용하자. 외식 대신 집에서 직접 요리해보자. 시간은 좀 더 걸릴지 몰라도 그만큼 투자 금액은 많아진다.

소비 수준을 낮추고 미래를 위해서 투자한다는 건 매우 힘든 일이다. 다들 소비하는 삶을 사는데 나만 무리에 못 끼는 것 같아 소외되는 마음이 드는 것도 사실이다. 하지만 지금 참아내야 미래를 도모할 수 있다. 나는 소비를 줄이고 내면을 채우기 위해 책을 읽고 글을 쓴다.

또한 필요 없는 것들을 다 비워내고 책으로 방을 가득 채웠다. 투자 관련 서적, 내면을 단단하게 하는 서적, 미래를 준비하는 서적, 삶에 도움이 되는 서적들이 방에 꽉 들어차니 소비의 흐름이 건전하게 바뀌게 된다. 내면이 안정되니 필요한 것이 줄어든다. 내 생각의 그릇이 명품처럼 커지니 가짜 명품은 필요 없어진다. 불필요한 소비를 끊어내고 잉여 자금으로 미래에 재투자해보자. 당신도 할 수 있다. 같이 미래를 준비해보자.

3

그냥
장사하지 마라

나는 20대에 떡볶이 장사를 시작하며 자영업의 길로 뛰어들었다. 대학교 때는 나름 열심히 공부하며 4.3 이상의 좋은 학점을 받았지만 취업 시장은 만만치 않았다. 결국 자영업을 택하고 4년을 죽기 살기로 장사에 전념했다.

오전 8시에 시장에 가서 장을 보고, 장사를 하고, 자정에 퇴근하는 삶을 1년 정도 보내고 나니 이러다 건강 악화로 죽을 수도 있겠다는 생각이 들었다. 결국 퇴근 시간을 조금 앞당겨 장사를 이어갔다. 하지만 한계는 명확했다. 매출이 높아도 수익이 낮았다. 떡볶이 장사의 객단가와 테이블 회전율은 낮았다.

자영업의 최대 약점은 압도적 성과가 나지 않으면 온종일 육체를 통해 모든 것을 쏟아부어야 한다는 점이다. 나는 1년 365일 일했다.

ETF 사용설명서

사장은 빛 좋은 개살구라는 것을 몸소 체험했다. 외부에서는 사장님으로 불렸지만 일에 매인 노예 같은 삶이라고 생각했다. 여행은 꿈도 못 꿨다. 딱 먹고살 정도만 벌었다. 3년 안에 자영업자의 80%는 망한다는 말이 이해됐다. 숨이 막혀 죽을 것 같다는 생각을 수없이 했다.

그러던 도중, 고등학교 친구가 가게에 찾아왔다. 그는 나를 바라보며 너무 지쳐 있는 모습이 안쓰럽다 했다. 그는 장사만이 답이 아니라며 내게 주식 투자를 권유했다. 이전까지 주식은 도박이라는 어른들의 말에 두려움이 가득했지만 더 이상 물러설 곳이 없었다. 탈출하기 위해서는 지푸라기라도 잡아야 했다.

첫 투자는 운이 좋았다. 친구는 당시 초보자인 내게 유망주라며 몇 종목을 추천해주었는데 그중 하나가 동양물산이었다. 그런데 동양물산에 투자를 한 지 얼마 되지 않아 주식이 200% 가까이 급등했다. 어안이 벙벙했다. 이렇게 돈을 쉽게 벌 수도 있구나! 처음 느끼는 신세계였다. 당시 동양물산은 대선 테마주로 묶여 단기간에 급등하게 되면서 큰 수익을 보게 된 것이다. 이후 나는 홀린 듯 대선 테마주만 공략했다. 사는 주식마다 승승장구하며 초기 투자금 300만 원이 2억 원으로 불어났다. 당시 주식 직접 투자로 월 30% 수익을 15개월 동안 이어갔다. 그러나 빨리 가는 성공은 없다. 요행으로 들어온 돈은 지키기 어렵다. 단기 투자를 전전하니 모든 상황을 단기적인 사고로 바라보고 투자하게 되는 오만에 빠지고 말았다.

장사와 투자는 데칼코마니 같았다. 자영업도 5년 안에 80% 가까이 폐업한다. 원칙 없는 투자도 5년 안에 80% 이상 실패한다. 당시 나는 빨리 돈을 벌고 싶은 마음에 부나방처럼 시장에 뛰어들었다. 회사는 보호막이라도 있지만, 장사와 투자는 어떠한 보호 장치도 없다. 온전히 내가 선택하고 실패도 혼자 책임져야 하는 냉혹한 현실을 마주해야 했다. 자신의 그릇만큼 탄탄하게 성장하는 투자야말로 시장에서 살아남을 수 있다는 것을 뒤늦게 깨달았다. 초심자의 행운은 모든 것을 순식간에 망친다. 그리고 모든 것을 망친 그 순간 아무도 나를 도와주지 않는다. 치열했지만 고독하고 슬프다. 그리고 힘들다.

장사를 하는 와중 지금의 아내를 만났다. 장모님께서 장사하는 사위는 절대 안 된다고 반대해서 취업을 하겠다고 결심했다. 경력도 없는 내가 선택할 수 있는 건 영업밖에 없다는 생각이 들었다. 오래 고민하다 제약회사 영업에 도전했다. 아이러니하게도 장사를 하며 사람을 만났던 경험이 오히려 장점으로 작용했다. 당시 나는 장사를 하면서 하루에 100명 가까운 손님을 만났다. 1년으로 계산해보니 3만 명의 손님을 만난 셈이었다. 그 스토리를 바탕으로 제약회사에 취직하게 되었다. 언제든 경험은 항상 쓸모가 있다.

이후 영업사원으로 근무하며 11년간 회사에서 치열하게 영업했다. 회사에서 월급이 꼬박꼬박 나오자 처음에는 너무 신이 났다. 장사보다 안정적이라는 생각에 뿌듯했다. 이제는 모든 게 잘 풀릴 것 같은 기분이 들었다. 월급이 매달 들어오니 가정은 안정을 찾아갔다. 아이가 태어나니 더 바빠지며 정신없이 살았다. 하지만 편안함이 문제였다.

안정감에 젖어 10년을 흘려보냈다.

코로나19 직전 나는 주식시장의 버블이 터질 것을 예상해 인버스 투자를 이어갔다. 어떤 위기가 올지는 몰랐지만 버블이 꺼질 것임은 알았다. 그리고 전대미문의 코로나 바이러스가 발생하면서 전 세계가 셧다운에 돌입했다. 수많은 주식투자 도서를 읽었지만 단기간에 주식이 이렇게 많이 빠진 건 100년 역사상 처음 있는 일이었다. 다행히 인버스에 투자하고 있었기 때문에 수익을 얻을 수 있었다. 또한 엘엔에프, 에코프로, 에코프로 비엠과 같은 전기자동차 관련 주식을 선택해 준비했다. 버블이 꺼지면 인버스로 얻은 수익을 전기자동차 관련 주식으로 갈아타기 위한 전략을 세워둔 상태였다. 계획은 맞아떨어졌다. 나는 금세 부자가 될 거라고 착각해 들떠 있었다. 이미 마음은 부자가 되어 있었다. 오만이 하늘을 찔렀다.

항상 문제는 늘떠 있을 때 발생한다. 원유 ETF 가격을 살피니 당시 10달러였다. 이미 이전에 원유 가격이 30달러로 내려갔을 때 투자로 얻은 달콤한 수익이 머리에 맴돌았다. 역사적으로도 10달러보다 떨어진 적은 없었다. 더 이상 떨어질 수 없는 상황이라고 확신했다. 인버스 대신 원유에 투자해서 더 큰 수익을 내겠다는 욕심이 화를 불렀다. 전 세계가 셧다운에 돌입하며 도시가 마비되자 원유 수요가 0으로 급감했다. 원유 선물업자조차 듣도 보도 못한 상황이 발생했다. 원유 보관 비용이 원유보다 비싸지자 보관 비용을 포기한 투매가 발생했다. 원유 가격이 마이너스에 달하는 초유의 상황이 발생했다. 그렇게 나는 부자가 될 수 있는 마지막 고비를 넘지 못하고 많은 걸 잃었다. 금전적 손실보다 여기까지 도달하기 위해 소모했던 시간이 너무 아까웠다.

그러나 다시 저금리 기조와 유동성 공급으로 시장에는 역대급 버블이 형성됐다. 다시 역사적 버블이 발생하는 것을 목도하자 상실감은 이루 말할 수 없었다. 나의 투자 실수로 가족을 사지에 몰아넣은 것 같다는 생각에 두려움이 엄습했다. 도망칠 곳도 눈물을 흘릴 곳도 없었다. 이렇게 처절하게 실패를 맛볼 줄은 꿈에도 생각하지 못했다. 장밋빛 미래는 핏빛 미래로 바뀌었다. 인생의 희로애락이 한순간에 몰아치고 고통과 슬픔, 환희와 같은 모든 감정이 교차했다.

우선 작은 성공이 필요했다. 그때 사업가 백종원의 과거 인터뷰가 생각났다. "예전에 빚만 17억 원이었던 시절이 있었죠. 하지만 빚만 머릿속에 담아뒀다면 성공하지 못했겠죠." 열심히 살아왔지만 남는 게 없는 삶 같아 보였다. 마흔이 코앞인데 은퇴는 가까워 보였고, 노후 준비는 되어 있지 않았다.

당시 나는 개별 주식 투자 경험도 많았지만 ETF 투자 경험도 상당했다. 10년 이상 투자를 하다 보니 흐름도 조금 보였다. 상승장과 하락장을 읽어낼 수 있었다. 지수는 항상 우상향했다는 것도 알고 있었다. 달러가 오르고 내리기를 반복한다는 것도 알고 있었다. 하지만 나는 더 큰 수익을 내기 위해 급등 주식을 따라다니고 텐 버거 회사를 발굴하기 위해 조급하게 움직였다. 나의 욕심과 준비 없이 도전한 투자 성향으로 인해 실패했다는 것을 깨닫고 안정적이고도 매매 빈도를 줄이면서 편안하게 투자하는 방법을 고민했다. 그렇게 결국 선택한 것이 ETF였다. 현재 나는 월급을 포함해 월 1,000만 원 이상의 파이프라인을 만들어냈다.

'돌고 돌아 제자리'라는 주식의 명언처럼 10번 도전해서 9번을 성공했지만 한 번의 실패로 모든 것을 잃을 수 있다. 투자에 성공하기 위해서 깡통을 두 번은 차봐야 한다는 선배들의 이야기가 머릿속에 맴돌았다. 하지만 한 번의 실패는 있을지언정 두 번의 실패는 없다. 인생의 변곡점은 누구에게나 온다. 변곡점을 어떻게 해석하고 받아들이느냐에 따라 인생은 또 한 번 바뀐다.

장사를 시작하기 전 꼭 알아야 하는 계산식

직장인들이 회식 자리에서 자주 이야기하는 주제가 있다. 장사를 해서 돈을 많이 벌어보고 싶다는 것이다. 그런데 실제로 창업을 해서 생계를 이어나가고 있는 창업주들은 꼬박꼬박 월급을 받았던 시절이 좋았다고 말한다. 이렇게 서로 동상이몽을 꾸며 살아가고 있다. 자유롭게 출퇴근할 수 있고, 본인이 사장이기 때문에 자영업은 간섭받지 않는 삶이라 생각한다. 하지만 장사가 잘될 때만 생각하면 안 된다. 장사가 안 되기 시작할 경우 가장으로서 책임감과 더 이상 뒤로 물러날 수 없다는 압박감이 엄습하게 된다. 철저히 준비해도 실패하는 게 장사다. 백종원은《백종원의 장사 이야기》라는 저서를 통해 준비 없이 창업하는 것이 얼마나 무모한지를 보여준다. '빽다방 커피' 브랜드를 준비하는 데만도 7년이 걸렸다고 한다.

미래에셋은퇴연구소가 중산층 퇴직자 조사를 실시한 결과 조기 퇴직한 40대, 50대 퇴직자 중 32.4%가 창업을 했고, 이 중 74.2%가 실패했다는 결과를 발표했다. 그러나 창업 준비 기간이 3개월 미만인 경우에는 폐업률이 46.6%인 데 비해 1년 이상 준비한 창업은 폐업률이 13.6%에 그쳤다. 이렇듯 준비 없는 창업은 통계적으로도 실패할 확률이 매우 높다. 직장인들이 우스갯소리로 은퇴하면 치킨 집이나 차린다고 말하지만, 막상 창업을 해본다면 얼마나 무모하게 세상을 바라보고 있는지 바로 알게 된다.

나는 남들이 회사에 취업하던 시기에 오히려 장사를 했기 때문에 회사원과 자영업자의 마음을 모두 이해할 수 있었다. 직장인이 임원에 오르지 않는 이상 대부분 50대에 은퇴한다. 은퇴하고 나면 자의 반 타의 반으로 먹고살기 위해 창업이라는 자본시장에 뛰어들게 된다. 회사에 다니고 있다면 어떻게 준비해야 실패 없는 창업을 할 수 있을까?

우선 독서가 제일 중요하다. 구체적으로 관련 분야의 독서를 해야 한다. 나는 20대에 장사를 시작하며 냉혹한 실상을 몸으로 체험했다. 사업이 잘되는 것 같지만 막상 돈이 모이지 않는 구조라는 것을 알게 되자, 답답해서 관련 서적을 읽어나갔다.

대부분 사람들이 책을 읽을 시간이 없다고 이야기한다. 그러나 미리 준비할 수 있는 방법은 독서뿐이다. 자본금도 크게 들지 않고 이미 겪어봤던 이들의 삶을 간접적으로 체험할 수도 있다. 무엇보다 자신이 무엇을 잘해낼 수 있는지 찾아보고 창업 준비 과정들을 배우며 미래를 준비할 수 있다.

장사를 시작하기 전에 기본적으로 알아야 할 공식이 있다. 바로 순이익 계산 공식이다. 만약 이 방법을 적용하지 않고 장사를 시작한다면 실패 확률이 높아질 수밖에 없다. 즉석 떡볶이 가게로 예를 들어보자.

1. **객단가(테이블당 평균 단가):** 한 테이블당 평균 단가를 3만 원으로 잡는다. 2인 기준으로 계산하되 메뉴에 따라 가격은 달라질 수 있다.

2. **회전율(10개 테이블 × 2회전):** 테이블이 10개라면 한 번 받으면 1회전, 두 번 받는다면 2회전으로 셈한다. 1회만 회전된다면 불량 매출이고, 1.5회전을 이룬다면 표준 매출을 달성한 것이다. 2회선을 달성해야 우량 매출이 이뤄진다.

3. **재료 원가(원가율):** 식당 원가율은 보통 30% 정도로 만들어야 한다. 3만 원을 객단가로 잡으면 원가율은 9,000원이다.

4. **임대료:** 지역과 위치에 따라 천차만별이지만 예상 임대료를 200만 원으로 잡아볼 수 있다.

5. **임금 및 수수료:** 임금 및 공과금, 각종 세금, 보험료, 카드 수수료는 보통 25%로 계산한다.

▶ 매출

객단가 3만 원 × 20 테이블 = 일 평균 매출 60만 원

평균 매출 60만 원 × 한 달(30일) = 한 달 평균 매출 1,800만 원

▶ 비용 및 순이익

평균 매출 1,800만 원 - 원가율 540만 원(30%) - 임대료 200만 원 -

각종 지출 450만 원(25%) = 순이익 610만 원

그러나 빚이 있다면 이자도 고려해야 하고, 인테리어 비용이나 각종 기자재 교체와 같은 추가 비용이 발생한다. 실질적으로 계산해보면 610만 원 미만의 순이익이 남는다. 만약 회전율이 1회에 그친다면 가져가는 돈은 월급보다도 적다.

프랜차이즈 회사들은 모두 순이익 공식과 상권 분석을 통해 성공 확률을 계산해서 시장에 나오게 된다. 순이익 공식을 대입해보지 않고 장사를 시작한다면 불필요한 인건비나 기타 비용을 지출하게 된다. 재료비가 과도하게 나가는 품목을 선정하게 될 수도 있고, 임대료가 이익 대비 높게 설정된 상가를 계약하게 될 수도 있다. 나 역시 장사를 하면서 성공을 거두기 어렵다는 결론을 내려 회사에 취직했다. 창업 전 순이익 공식을 미리 공부해두었다면, 자본주의 시스템이 어떻게 흘러가고 있는지 이해하고 준비할 수 있었을 것이다.

단일 품목이 중요하다

작가 고명환은 《이 책은 돈 버는 법에 관한 이야기》에서 장사는 더하기가 아니라 빼기라고 언급했다. 왜 더하는 게 아니라 빼야 장사에 유리할까. 처음 장사를 하면 단일 품목에 대해 고민하지 않고 창업을 한다. 그러나 단일 품목에 대한 고민은 숙명이다. 장사가 안 되는 가게들 중 품목이 적어 장사가 안 된다고 생각하고 품목 수를 점점 늘리는 곳들이 있다. 이렇게 종류를 늘려나간다면 악순환에 빠지게 된다.

우선 인건비가 추가로 들어간다. 많은 품목을 만들어내기 위해서는 직원이 더 필요하게 된다. 백종원 대표는 사람을 한 명 더 고용해 300만 원의 지출이 추가로 발생한다면 추가 매출이 1,200만 원은 발생해야 한다고 언급했다. 따라서 품목을 늘릴 경우 인건비를 상쇄할 정도로 매출이 나와야 한다. 아니면 품목을 단일화해 인건비를 줄여야 한다. 하지만 이 두 가지 조건 모두 결국 품목을 단일화하면 해결된다. 품목을 단일화하면 인건비가 줄어들고, 음식이 나오는 시간이 빨라진다. 회전율이 빨라지면 신선한 재료를 사용하게 된다. 재료가 신선하므로 맛이 좋아질 뿐 아니라, 재료 역시 대량으로 입고되므로 원가 감소 효과도 있다.

장사가 잘되는 집을 유심히 살펴보면 특징이 있다. 대부분 메뉴가 단촐하다. 갈비탕, 메밀국수, 설렁탕, 아귀찜 등 단일 메뉴를 선보이는 식당들은 들어가자마자 음식이 나온다. 신선하지 않을 수가 없다. 맛이 없을 수가 없다. 장사가 잘될 수밖에 없다.

이제는 인건비를 줄이려면 자동화가 필수다. 최근 생각보다 자동화가 빠르게 진행되고 있는 것을 확인할 수 있다. 주문은 키오스크로 하고, 서빙은 로봇이 한다. 사람 관리도 리스크의 한 요소다. 장사를 하는 내내 인건비 걱정과 채용 문제로 골치가 아플 것이다. 치킨 집에서 로봇이 요리하면 한 시간에 50마리 치킨을 튀긴다고 한다. 떡볶이는 재료만 잘게 나눠놓는다면 원통형 기계가 스스로 돌아가면서 배합하고 설거지까지 알아서 한다. 100제곱미터 홀도 직원 한 명만으로 운영할 수 있다. 무인 자동 커피숍은 로봇이 24시간 커피를 만든다. 이렇게 자동화로 가격을 낮추면 이득이 늘어난다. 이처럼 실제 순이익 공식, 메뉴 단일화, 자동화라는 세 가지 키워드를 이해했을 때 창업 성공률을 높일 수 있다.

마지막으로, 퇴직 후 바로 창업을 하면 안 된다. 식당을 창업하려 한다면 시장성이 있고 자신에게 적합하며 단일 메뉴로 유명한 식당에서 최소 6개월은 배우고 창업해야 한다. 또한 은퇴 후 창업을 고려하고 있다면 직장에 있을 때 준비해야 한다.

2장

돈을
눈덩이처럼 불리는
6단계 복리 공식

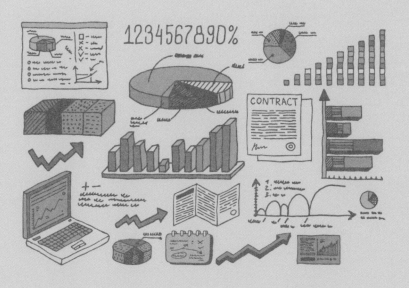

1

복리 투자 실전 1단계:
상승장과 하락장 구분하기

직장인이 매년 투자로 20%에 가까운 수익을 꾸준히 내기는 어렵다. 운이 좋아 30% 이상의 수익을 낼 때도 있지만 오히려 수익을 못 내는 해도 있을 수 있다. 그러므로 인내심과 끈기를 가지고 꾸준히 해 나가는 사람만이 복리의 마법을 쟁취할 수 있다. 워런 버핏은 11살에 투자를 시작해 연평균 19%의 수익을 냈다. 오랜 기간 19%라는 수익을 꾸준히 낸다는 건 투자 철학이 누구보다 확고하기 때문에 가능했다. 복리 그 자체가 워런 버핏의 삶이다.

직장인들은 근무 시간이 정해져 있는 만큼 시간적 여유가 적다. 주식시장은 평일 오전 9시에 개장해서 오후 3시 30분에 폐장하지만, 직장인들은 오전 9시부터 회의를 비롯해 업무 처리를 하기 때문이다. 오후 4시쯤 비로소 한숨 돌릴 수 있는데, 이때 주식시장은 이미 마감되어 있다. 세계 경제에 돌발 악재라도 발생하면 하락장을 고스란히 맞이할 수밖에 없다. 이렇게 주식 차트조차 볼 시간이 없지만 오히려 직장인들의 투자 비중은 매우 높다. 잡코리아에서 직장인 재테크 비율을 조사한 결과 2018년에는 27.3%가 투자를 했지만 2020년에는 50.1%가 투자를 하고 있다고 답했다.

그러나 2022년 미국에서 금리 인상을 단행하면서 부동산뿐만 아니라 주식시장은 하락장에 들어서게 된다. 내 직장 동료도 대부분 대응할 시간도, 방법도 모른 채 하락장을 맞이했다. 당시 직장 동료 중 하락장에서 빠져나온 사람은 오직 나뿐이었다. 따라서 매매 빈도를 줄이는 동시에 안전하게 노후 준비를 하기 위한 방법은 ETF를 통한 복리 투자뿐이다.

수많은 대가들은 마켓 타이밍을 맞추려 하지 말라고 신신당부한다. 주식이 계속해서 상승할지 하락할지는 그 누구도 알 수 없다. 하지만 전체 시장을 읽어 내지 못한다면 개별 주식에 투자한다 하더라도 꾸준히 수익을 내기는 힘들다. 그리고 내가 제시하는 방법을 통해서라면 자신이 현재 상승장에 투자하고 있는지 하락장에 투자하고 있는지를 구분해낼 수 있다. 자신이 투자하고 있는 위치만 구분해낼 수 있다면 투자 성과는 확연히 높아진다. 언제나 전체 시장의 큰 흐름을 읽어 내는 것이 우선이다.

물론 투자에 참여하고 있지만 업무가 바쁘다는 핑계로 방치만 하는 투자는 투자를 안 하는 것만 못하다. 하루 중 10분 만이라도 투자 습관을 만들어야 의미 있는 투자 성장을 이어나갈 수 있다. 복리 투자를 하기 위해서는 단계적 이해가 꼭 필요하다. 복리 투자 6단계를 실천한다면 하루 10분 정도의 투자만으로 회사를 다니면서도 천천히 노후 준비를 해나갈 수 있다. 그 단계를 지금부터 알아보자.

1. 버핏 지수 확인하기

버핏 지수Buffett indicator. 투자자라면 한 번은 들어봤을 단어다. 버핏 지수는 국가 경제와 주식시장 가치를 함께 비교해 구한 비율을 수치화한 지표다. 즉, 국내총생산GDP 대비 시가총액 비율을 일컫는다. 버핏 지수에서는 정적평가를 버핏 지수 105%~128%로 산출한다. 80%~105% 구간은 저평가, 128%보다 높으면 고평가되어 증시에 거품이 있다고 판단해 버핏은 철저히 주식 비중을 조절한다. 과거 버핏 지수가 200%를 넘어선 때는 2022년 코로나19 시기가 유일했다. 2024년 2월 버핏 지수는 179%에 달해 매우 고평가 국면에 있다는 걸 알 수 있다.

지수의 방향성을 100% 맞추는 것은 사실상 불가능하다. 워런 버핏 또한 자신만의 상승장과 하락장 구분법을 만들어 분할 매수와 분할 매도, 비중 조절을 통해 수많은 역경을 견뎌내며 수익을 냈다. 버핏 지수 또한 상승장과 하락장을 구분하는 하나의 방법이다. 버핏 지수 계산이 어렵다면 구루포커스 홈페이지를 이용하자. 홈페이지(gurufocus.com)의 'Menu → Market → Buffett Indicator'에서 세부 내용을 확인할 수 있다.

버핏 지수 평가

81% 이하	상당히 저평가
81% ~ 105%	약간 저평가
105% ~ 128%	적정 가격
128% ~ 151%	약간 과대평가
151% 이상	상당히 고평가

버핏 지수 그래프

— TMC/GDP(current: 182.7)
— TMC/(GDP+Total Assets of Fed)(current: 143.7)

역사적 버블 구간에
진입한 것을 알 수 있다.

출처: gurufocus.com, 2024년 2월 10일

* TMC는 Total Market Cap의 약자로, 시가총액을 의미한다.
* GDP는 국내총생산을 의미한다.
* Total Assets of Fed는 연방준비은행의 자산 총액을 의미한다.

ETF 사용설명서

2. 주봉, 월봉, 연봉 확인하기

　김대리는 코로나19 시기에 가장 인기 있던 주식인 씨젠에 투자했다. 당시 진단키트 판매로 최대 수혜를 입고 1만 5,000원에 형성된 주가는 최고점인 16만 원까지 도달한 후 엔데믹 이후 원점 근처까지 내려왔다. 김대리는 당시 최고점 근처에서 주식을 매수했다. 그는 코로

씨젠 일봉 차트

출처: 키움증권 HTS

씨젠 주봉 차트

출처: 키움증권 HTS

나19가 지속되며 씨젠 주식이 30만 원까지 갈 수 있다고 확신했고 다른 직원들에게도 적극적으로 추천했다. 당시 김대리가 일봉만 뚫어져라 쳐다보는 모습이 아직도 눈에 선하다. 일봉만 확인하는 것이 왜 위험한지 당시 차트를 살펴보자.

일봉 차트만 보게 되면 이 주식이 버블 구간에 있는지 바닥에 있는지 전혀 확인할 방법이 없다. 의도적으로 주봉이나 월봉을 확인하지 않으면 현재 투자하는 위치를 객관화하기란 쉽지 않다. 버블 구간에서 고점이라는 인식조차 하고 있지 못한다면 장기 하락하는 시점에서 오히려 추가 매수하며 물량만 늘어나는 역효과가 발생할 수 있다. 물

씨젠 월봉 차트

출처: 키움증권 HTS

론 주식이 고점에서 더 올라갈 수는 있다. 하지만 바닥에 사서 올라갈 확률은 높지만 고점에서 주식이 더 올라가기란 확률적으로 낮다. 이미 씨젠은 바닥에서 1,000% 수익이 나 있는 상태였다. 이어지는 주봉, 월봉을 보면 엄청난 결과가 기다리고 있다는 것을 알 수 있다. 김대리가 손절매하지 못했다면 고점 대비 88.22%의 손실이 발생했다.

주식 투자를 할 때 일봉만 보고 투자하는 사람들이 의외로 많다. 일봉만을 보고 투자하면 시각이 한정된다. 씨젠의 경우만 해도 주봉과 월봉을 체크해봤다면 2020년 당시에는 투자하면 안 되는 구간이라는 것을 명확히 알 수 있다. 그런데도 많은 사람들이 차트의 흐름을 알 수 있는 주봉과 월봉은 등한시하는 경향이 있다.

주식을 매매하기 전에 투자하는 구간을 객관화하고 투자에 임하는 것이 성공 확률을 높일 수 있다. 일봉과 같이 짧은 구간만 보고 투자하게 되면 내가 사는 시점이 전체적으로 이 주식의 고점인지 저점인지 파악할 수 없다. 종목을 선정하기 전에 주봉과 월봉 차트를 우선 확인하게 되면 내가 어느 위치에 있는지 한눈에 들어온다. 적어도 버블 구간에서의 매매는 피할 수 있다.

다행히 실적이 좋아 계속해서 주식이 우상향한다면 다행이지만 혹시라도 실적이 좋지 않은 주식이나 테마주, 급등 주식에 투자하게 되면 큰 낭패를 볼 수 있다. 테마주나 급등 주식은 사람들이 자주 언급할 때 이미 고점을 형성하고 있을 확률이 높다. 따라서 투자할 때 주봉과 월봉을 우선 체크한 후 일봉을 마지막에 보고 투자하는 방법을 습관으로 삼아야 한다.

이번에는 KODEX 200 ETF를 통해 일봉과 주봉, 월봉을 비교해보자. KODEX 200은 순자산 가치의 변동률을 기초 지수 KOSPI 200 변동률과 유사하도록 운용하는 것을 목표로 한다. KOSPI 200 지수는 한국을 대표하는 200개 종목의 시가총액을 지수화한 것으로 시장 대표성, 유동성, 업종 대표성을 고려한 뒤 9개 업군으로 분류해 시가총

KODEX 200 ETF 일봉 차트

출처: 키움증권 HTS

액과 거래량 비중이 높은 종목을 선정한다. KODEX 200 ETF의 주봉
과 월봉을 확인했다면 버블 구간에 위치해 있을 때 투자하지 말아야
겠다는 판단을 할 수 있었다. 하지만 일봉만 확인하고 투자했다면 지
지선 이탈 시 손실이 발생하게 되고 추가로 매입하면 향후 하락장 발
생 시 큰 손실이 발생할 가능성이 매우 높아지는 구간이라는 것을 알
수 있다.

KODEX 200 ETF 주봉 차트

출처: 키움증권 HTS

    우리는 마트에 가면 여러 제품을 비교해보고 소비를 한다. 하지만 목돈이 들어가는 투자에는 의외로 즉흥적으로 매매하는 경우가 너무 많다. 자신도 모르게 시장의 흐름에 편승해 부화뇌동하는 투자를 이어가게 된다. 기준 없이 투자에 뛰어들어 버블 한가운데 내 전 재산을 투자했다면 원금 회복이 힘들 수도 있다. 따라서 주봉과 월봉을 확인하고 내 위치를 객관화하는 작업은 투자에 있어 최소한의 방어막이다. 매수하기 전 단 1분만이라도 현재 자신의 투자 위치를 객관화해보자. 단 1분이다. 1분도 기다릴 수 없이 급하게 매수해야 한다면 투자 시장을 떠나야 한다. 당신은 지금 도박을 하고 있기 때문이다.

                                          ETF 사용설명서

KODEX 200 ETF 월봉 차트

출처: 키움증권 HTS

코로나19 초반은 폭락장이었다. 폭락장은 사람들에게 엄청난 공포를 안겨주지만 긴 하락장은 사람들의 피를 야금야금 말려나간다. 추가 매수하면 할수록 주가가 천천히 빠지기 때문에 어디가 바닥인지 알 수 없다. 이때 멀리 떨어져 시장을 보는 안목이 필요하다. 월봉과 연봉을 보면 현재 내 위치를 좀 더 객관화할 수 있다. 하락의 저점을 잡아가는 노력을 할 수 있고 각자의 기준에서 하락장이 마무리됐다고 생각할 때 분할 매수를 통해 공포를 이겨내고 주식을 모아갈 수 있다.

결국 코로나19의 유동성으로 인해 주가는 단기간에 급등했고 이후 일정 기간 고점에서 횡보하는 기간이 발생했다. 그런데 이때 더 오를 것 같은 착각에 빠져 많은 사람들이 더 이상 참지 못하고 주식을 매입했는데 이는 큰 손실로 이어지기도 했다. 주봉과 월봉을 객관화하는 작업을 하고 주식 투자에 임했다면 적어도 한 번은 고민해볼 수 있는 시간적 여유를 가질 수 있다.

2022년에는 인플레이션으로 인해 자산시장의 거품이 꺼지기 시작했다. 리먼 브러더스 이슈나 코로나 이슈와는 다른 하락장이었다. 1년을 넘게 올랐다 내리기를 반복하며 서서히 빠지는 시장을 하락장이라 부른다. 2022년은 긴 하락장이었다.

어떤 기준으로 월봉과 연봉을 확인하고 객관화해서 하락장 막바지에 주식을 매입할 수 있을까? 바로 코스피 연봉과 삼성전자 월봉을 통해 알아볼 수 있다. 주식 투자에 있어 100% 확률은 존재하지 않는다. 하지만 기준이 없다면 기회가 와도 매수하지 못하는 웃지 못할 상황이 발생할 수밖에 없다. 허공을 보며 살까 말까 고민만 하다 보면 부자가 될 기회는 이미 지나가버린다. 떠나버린 기차를 쳐다보는 신세가 될 수 있다.

적어도 한 가지는 확실하다. 돈이 걷잡을 수 없이 불어나는 시점은 시장의 밸류에이션이 저렴해지는 구간이다. 즉, 폭락장에 현금을 들고 매수하지 못한다면 절대 부자가 될 수 없다. 우리는 그 지점을 찾아보고자 한다.

코스피 연봉 차트

출처: 키움증권 HTS

코스피 연봉을 살피면 시장 전체의 흐름을 객관화할 수 있다. IMF를 제외하고는 하락장이 1년 이상 지속하는 경우는 없었다. 연봉으로 긴 음봉이 발생하고 다음 해는 여지없이 상승장으로 돌아섰다. 추세선으로 연봉 10일선을 지키고 올라가는 상황을 확인할 수 있다. 코로나19 당시 셧다운으로 인해 순간적으로 10일선을 크게 이탈했지만 연봉으로 확인해보면 다시 10일선 위로 안착해 추세를 이어나가는 것을 확인할 수 있다. 만약 하락장이 왔다면 코스피 연봉 10일선을 확인하고 분할 매수 타이밍을 찾아가야 한다.

나는 코로나19로 인해 엄청난 유동성 공급으로 인한 버블이 발생하자 모든 주식을 매도한 뒤 주식시장을 피해 있었다. 소중히 가지고 있던 현금은 코스피 10일선 연봉 기준을 확인한 뒤 분할 매수를 통해 하락장의 기준점을 잡을 수 있었다. 당시 시장 분위기는 공포 그 자체였다. 계속해서 하락할 것 같았다. 선뜻 주식을 매입하기란 쉬운 결정이 아니었다. 하지만 코스피 연봉 10일선을 터치하는 것을 확인하고 투자를 해야겠다는 선택을 할 수 있었다. 그리고 2023년의 수확은 어느 때보다 달콤했다.

폭락장이 오게 되면 코스피 연봉을 확인하면서 전체적인 흐름을 읽고 투자해야 할 방향성을 잡아나가는 것이 최선이다. 주식이 폭락하면 매매를 하기 힘든 게 사람의 심리이기 때문에 코스피 연봉을 확인한다면 좀 더 확신을 가지고 투자에 임할 수 있다. 앞쪽 차트의 첫 번째 화살표가 리먼 브러더스 사태 시기였고 두 번째 화살표가 금리 인상으로 인한 장기 하락장이었다. 둘 다 연봉으로 장대 음봉이 생기고 다음 해에는 장대 양봉으로 상승 추세를 이어갔다. 장대 양봉은 시가보다 종가가 훨씬 높은 가격으로 형성되는 것을 의미하고, 장대 음봉은 시가보다 종가가 훨씬 낮은 가격으로 형성되는 것을 의미한다. 하락장에서는 공포로 인해 계속해서 주가가 내려갈 것 같지만 연봉을 보고 투자할 구간이 명확해진다면 분할 매수로 매집하면 된다. 이 경우라면 다음 해에 큰 수익을 얻었을 것이다.

삼성전자는 우리나라 대장주다. 대장주가 올라야 코스피 지수가 오르고 코스피 지수가 올라야 개별주도 오르는 선순환구조다. 반대로 삼성전자 주식이 하락 패턴으로 돌아서게 되면 코스피 지수뿐만 아니라 개별 주식도 수익을 내기 힘든 구간에 돌입한다. 전체 시장을 볼 때 코스피 연봉과 삼성전자 월봉을 위기 때나 주식이 과열구간에 접어들

삼성전자 월봉 차트

출처: 키움증권 HTS

었을 때는 꼭 체크해나가면서 어느 지점에 투자하고 있는지 확인해야 한다. 실제 삼성전자 월봉은 폭락장에서도 60일선 밑으로 내려간 적은 없었다. 60일선을 깨고 내려가더라도 다시 우상향하는 것을 확인할 수 있다. 개별 주식은 삼성전자가 하락장으로 접어들면 살아남기 힘들다. 즉, '삼성전자 〉 코스피 지수 〉 개별 주식' 순이라는 것을 잊지 말자.

2022년 금리 인상으로 인한 하락장에서 삼성전자는 5만 1,800원인 월봉 60일선에 도달했다. 코스피 또한 연봉 10일선 시점이었다. 나는 이때가 하락장의 끝자락이라는 것을 예상했다. 이 구간에서 투자하지 않는다면 어떤 시점에서도 투자할 수 없다. 적어도 삼성전자 월봉 60일선, 코스피 연봉 10일선 근처에 온다면 분할 매수를 고려해봐야 한다. 물론 투자에 100%라는 확률은 없다. 추가로 하락할 수도 있다는 가정하에 분할 매수에 임해야 한다.

- 투자 시점이 상승장 꼭대기 = 투자 성공 확률이 현저히 낮아지는 구간
- 투자 시점이 상승장 초입 = 투자 성공 확률이 엄청나게 높아지는 구간
- 투자 시점이 횡보 구간 = 개인 능력치에 따라서 달라지는 구간

3. 달러로 상승장과 하락장 구분하기

《나는 주식 대신 달러를 산다》의 저자 박성현은 달러 투자로 큰 부를 얻었다. 나 역시 달러 투자로 손실이 나본 적이 없다. 달러 투자는 상방과 하방이 예측 가능한 범위에 있는 투자 방식이다. 미국이 몰락하지 않는다는 전제하에 달러는 상단 1,700원, 하단 800원이 정해져 있다. 즉, 상단과 하단이 막혀 있어 범위를 정해놓고 투자 전략을 수립

할 수 있다. 만약 달러 가격이 내가 원하는 포지션에 도달했을 때 분할 매수로 모아가는 전략을 취한다면 잃을 게 없는 투자 방식이다.

달러의 장점은 여럿이다. 첫 번째, 헤지 기능이 있다. 달러는 세계의 판돈이며 안전 자산이기 때문에 경제 위기가 발생한다면 안전 자산인 달러는 상승하게 되고 반대로 위험 자산은 하락하게 된다. 이 규칙을 잘 이용한다면 헤지 수단으로 하락장에서도 수익을 낼 수 있다.

두 번째, 달러는 단순하다. 지수 추종 ETF 투자와 마찬가지로 종목을 고를 필요가 없고 기업 분석이나 기술 분석을 하지 않아도 된다. 원하는 가격에 도달했을 때 분할 매수나 분할 매도로 대응하면 된다.

세 번째, 달러는 상장폐지가 없다. 만약 달러가 기축통화의 지위를 잃는다면 우리나라의 화폐도 도피처가 될 수 없으니 안전한 자산은 그 어디에도 없을 것이다. 그렇기 때문에 미국을 믿고 달러에 투자해도 된다.

네 번째, 환금성이 높다. 달러 투자는 현금으로 직접 사거나 ETF 투자를 통해 매매 가능하며 사고팔기가 쉽다.

과거의 데이터를 바탕으로 달러의 흐름을 읽어 하락장에도 복리 수익을 얻을 수 있다. 주식시장에 버블이 형성된다면 달러는 대략 900원 사이에서 1,100원 사이를 오간다. 주식시장이 붕괴하면 주식은 폭락하고 달러는 상승한다. 달러가 900원에서 1,100원 사이를 형성하고 있다면 코스피 연봉과 월봉을 같이 살펴봐야 한다.

달러가 저점일 때 주식시장은 과열 구간에 접어들었을 확률이 매우

과거 달러 차트

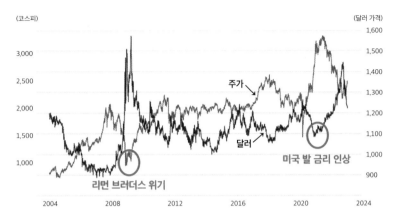

높다. 100% 일치하지 않지만 달러가 저가일 때 주식시장의 고점 징후
와 일치한다면 투자 비중을 줄여나가면서 현금을 확보하거나 달러로
갈아 타서 다음 하락장을 준비할 필요가 있다. 그렇게 확보한 수익은
다음 상승장에서 퀀텀 점프할 수 있는 준비 자금으로 쓰여야 한다. 그
럼 과거 달러 차트를 통해 상승장과 하락장을 구분해보자.

　달러와 주식이 100% 반대로 움직이는 것은 아니지만 거의 데칼코
마니처럼 움직이는 것을 볼 수 있다. 역사적 폭락 지점에서 달러는 강
세를 보이고 주식은 반대로 폭락했다. 위 차트에서 첫 번째 표시된 부
분이 리먼 브러더스 위기였는데, 달러는 1,500원 이상까지 치솟았고
코스피는 800선까지 떨어졌다.

　두 번째는 2022년 금리 인상 시기였다. 코로나19로 인한 역사적 유
동성 장세 이후 거품이 빠지면서 달러는 1,400원 선까지 치솟고 주가

는 3,300선에서 2,150선까지 후퇴했다. 달러가 1,000원 부근이거나 그 밑으로 내려가면 주식이 버블에 도달했을 가능성이 역사적으로 매우 높았다. 그래서 달러의 흐름을 확인함으로써 주식이 버블 단계에 들어갔다고 판단되면 주식 비중을 줄이고 달러를 매집하거나 현금을 보유해두면 좋다. 버블 구간에 도달한 시점에는 조급해하지 않는 것이 중요하다. 위기가 끝나면 큰 기회가 온다.

투자 비율을 조정하는 스위칭 전략도 고려해보자. 전 세계의 판돈은 달러다. 달러가 강세로 진입하면 주식은 폭락하고 주식이 상승하면 안전 자산인 달러는 하락하게 된다. 달러의 흐름을 확인한다는 것은 결국 주식 폭락을 대비한 수단으로 하락 이후의 투자를 준비해나간다는 의미. 고점에서 달러에 투자하는 스위칭 전략을 통해 위험 자산인 주식의 버블이 꺼지는 시점에 안전 자산에 투자해 하락 이후의 포지션을 구축할 수 있다. 즉, 달러 지수로 주식의 상승장과 하락장의 위치를 살펴보고 달러가 원하는 가격에 도달한다면 위험 자산에서 안전 자산으로 자금 흐름을 만든 후 추후 주가가 바닥에 도달했을 때 다시 자산 재분배를 하면 된다.

4. 하이먼 민스키 심리 곡선 구분하기

버블은 무조건 꺼진다. 그게 자산시장의 순리다. 실제로 욕망으로 인해 발현된 자산시장의 버블은 여지없이 제자리를 찾아갔다. 부동산 버블도 미국의 금리 인상과 함께 그 막을 내렸다. 언제나 버블이 꺼진다는 것을 염두에 두고 투자에 임하면 투자 인생에 상투 잡는 일은 없을 것이다.

무엇보다 중요한 것은 관찰력이다. 주위 사람들의 심리와 행동을 관찰해야 남들과 반대로 투자할 수 있다. 상승장과 하락장 한 사이클만 지나면 살아남는 투자자는 5%밖에 되지 않는다. 특히 집중해야 할 시점은 주식이 버블 구간에 도달했을 때다. 전고점을 연일 돌파했다는 뉴스가 흘러나온다. 주식을 가지고 있지 않다면 나만 외톨이가 되는 느낌을 받는다. 사람들이 주식시장으로 몰려온다. 놀랍게도 하락장에서 손절매하고 다시는 주식을 쳐다보지 않겠다며 시장을 떠났던 사람도 기가 막히게 상승장 꼭대기에 더 이상 참지 못하고 또다시 주식시장에 진입해 악순환에 말려들게 된다. 주식시장이 좋아지면 코인이나 부동산도 같이 상승하는 경향이 있기 때문에 이 시기에는 투자하지 않는 사람들까지 투자 이야기를 하며 들떠 있는 구간이다.

대공황이 터지기 전 이야기다. 큰돈을 운영하는 주식 투자자가 구둣방에 갔는데 구두 닦는 아이가 자신도 주식 투자에서 수익을 내고 있다며 자랑했다. 그 이야기를 들은 주식 투자자는 그날 바로 주식을

ETF 사용설명서

모두 처분했다. 그리고 얼마 지나지 않아 대공황이 발생했다. 이처럼 투자를 하지 않는 동료들이 하나둘 주식시장에 뛰어들거나 주식 투자를 잘 알지 못하는 동료가 주식에 대해 이야기하면 주식시장은 버블에 돌입했을 가능성이 크다.

하락장에서는 반대로 연일 전저점을 이탈했다는 뉴스가 가득해 공포를 쏟아낸다. 이때 사람들은 고점에서 물려 버티다 결국 손절매하며 투매가 나온다. 이때가 진정한 하락장의 끝이다. 하이먼 민스키 심리 곡선대로라면 상승장 끝에는 탐욕과 환상이 자리 잡고 있다.

하이먼 민스키 심리 곡선에 따르면 공포 단계를 지나 좌절 단계를

하이먼 민스키 심리 곡선

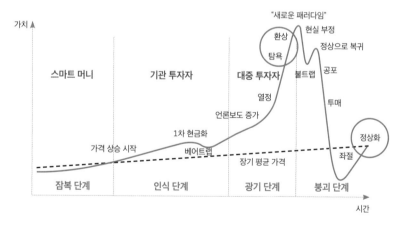

* 베어트랩: 주식 차트에서 보이는 캔들 패턴으로 약세장이 강세장으로 변하는 시점을 의미한다.
* 불트랩: 박스권 상단 고점으로, 황소가 붉은색을 보고 달려드는 것처럼 강세장인 줄 알고 들어갔으나 약세장이 시작되는 시점을 의미한다.

거쳐야만 정상화에 이른다. 공포 단계에서는 사람들이 어떻게든 버티는 구간이다. 아직은 버틸 만하다는 말이 나온다. 이후 투매 구간에 돌입하면 주식 투자는 거들떠도 보기 싫다는 말을 하며 시장을 떠나간다. 나는 이때가 오히려 투자 적기라고 생각한다. 이때야말로 두려움을 이겨내고 투자할 시기다.

일하며 알게 된 거래처 사장님이 있었다. 그 사장님은 평소 주식에 관심이 많았지만, 투자를 시작한 지는 1년 정도 남짓이었다. 당시 코로나19로 인해 제약 바이오 관련주가 수십 배씩 오르며 버블을 형성하고 있었다. 코로나19 치료제 관련 공시만 뜨면 묻지도 따지지도 않고 수급이 붙어 관련주들이 고공 행진을 이어갔다. 그 사장님은 제약 바이오 위주의 테마성 종목에 투자하기 시작했다. 나 역시 사장님과 만나고 나서 집에 오는 길에 실체도 없는 제약 바이오주를 사야 하나 싶을 정도였다.

하지만 원칙이 있었다. 재무제표가 나쁘면 관련 주식을 사지 않겠다고 결심했기 때문이다. 그리고 이미 오른 주식은 더 오르더라도 쫓아가서 매매하지 않겠다고 생각했다. 당시 박셀바이오 주가는 1만 원에서 6만 원까지 올라와 있는 상태였다. 실제로 박셀바이오는 고점인 30만 원 부근까지 오르며 사장님은 5배 가까이 수익을 냈다. 당시 박셀바이오 차트는 하이먼 민스키 심리 곡선과 같은 모양을 하고 있었다. 그래서 나는 이미 오를 만큼 오른 주식이니 팔아야 한다고 조언했다.

코로나19 당시 박셀바이오 차트

출처: 키움증권 HTS

하지만 사람의 탐욕은 끝이 없었다. 사장님은 이 주식이 50만 원까지는 오른다며 그때까지는 절대 팔지 않는다고 이야기했다. 하이먼 민스키 심리 곡선상 환상과 탐욕 단계에 도달해 있었다. 그리고 다음 날부터 고점을 찍은 주식은 하염없이 내리막길을 걷기 시작했다. 절대로 팔지 않겠다던 사장님은 6만 원 근처에서 눈물을 머금고 마지못해 손절매했다. 코로나19가 지나고 버블이 끝나면서 박셀바이오에 대한 관심은 시장에서 떠난 지 오래였고 주식을 부여잡고 있는 당사자만 희망의 끈을 놓지 않고 있었다. 만약 본전이었던 6만 원에서도 빠져나오지 않았다면 주가는 2만 7,000원까지 내려갔을 것이다.

유영만 작가는 《끈기보다 끊기》를 통해 올라가는 긴장감이 성취감을 주는 순간, 사람은 오만의 친구가 된다고 했다. 자기도 모르게 자아 도취에 빠지는 건 시간문제다. 온 세상이 다 나를 위해 존재하며 노래하고 춤추는 것 같은 착각이 들 정도다. 성공은 언제나 냉정한 자기반성을 외면한다. 주식 투자에는 기술적 지표도 중요하지만 심리적 지표에 의해 성패가 날 때가 대부분이다. 투자를 하다 보면 가장 무서운 지점은 수익이 나더라도 팔지 못하고, 주가가 폭락해도 공포에 사지 못하는 경우다. 결국 사지도 못하고 팔지도 못한다는 것은 심리적 요인, 즉 탐욕과 환상 그리고 두려움이 작용해서다. 주식이 한없이 올라갈 때는 끊고 내려올 준비를 해야 한다. 그래야 다음 기회를 노릴 수 있다. 조금만 더 얻겠다는 탐욕 때문에 하락장이 시작되고 빙하기가 와도 팔지 못한다.

투자하는 데 있어 기술적 지표도 중요하겠지만 하이먼 민스키 심리 곡선을 실생활에 적용해야 한다. 우리는 무심코 지나치는 대상이나 상황을 인식하지 못하기 때문에 기회와 위험을 분간하지 못한다.

안타깝게도 거래처 사장님의 사례는 우리에게도 충분히 일어날 수 있다. 실체 없이 급격하게 오른 주식에서 피뢰침 현상이 발생하고 수직으로 가파르게 향해 나아가고 있다면 100% 버블이 끝나고 난 이후에 주식은 제자리로 돌아간다는 걸 명심하고 투자에 임해야 한다. 탐욕 구간을 이해하고 내 심리를 절제해낼 줄 알아야 정글 같은 주식시장에서 살아남을 수 있다.

5. VIX 지수 확인하기

변동성 지수 또는 VIX_{Volatility index} 지수는 S&P 500 지수 옵션에 기반해 변동성을 측정하는 방식이다. VIX 지수는 S&P 500 옵션에서 파생된 변동성 지수이며 각 옵션의 가격은 30일 전향적 변동성 예측을 대표한다. 특히 변동성 지수는 주식시장이 하락할 때 상승 현상이 나타나기에 공포 지수라 부른다. VIX 지수는 인덱스펀드와 다르게 직접 주식형으로 거래할 수는 없고 선물을 기반으로 한 ETF나 ETN_{Exchange Traded Note}(기초 지수 변동과 수익률이 연동되는 파생결합증권)으로 거래할 수 있다. VIX 지수는 인버스와는 다르다. 만약 단기간에 S&P 500지수가 외부 충격으로 인해 3일 정도 하락했다가 우상향한다면 VIX 지수는 단기간 상승했다 제자리로 돌아오게 된다. 지수가 우상향한다고 해서 계속 VIX 지수가 우하향하는 건 아니다.

VIX 지수가 20 이하면 과매수 상태로 투자자들의 심리가 안정적임을 나타내며, 반대로 주식시장은 버블이 끼어 우상향하고 있을 가능성이 크다. 이때의 VIX 지수는 15~20가량으로 유지되며 주식시장이 안정적이어도 15 이하로 내려가기는 힘들다. 반대로 VIX 지수가 30~40 이상일 때는 과매도 상태로 투자자들의 심리가 불안정함을 의미하고, 50 이상일 때 주식시장은 대폭락했다.

변동성 지수(공포 지수)는 상승장과 하락장을 구분하는 지표로 활용 가능하며 주식시장이 안정적일 때는 VIX 지수도 변동성이 적다. 그러

VIX 지수

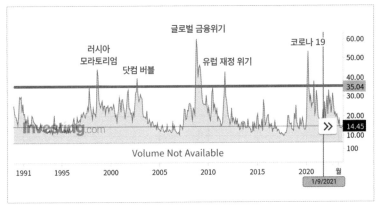

출처: investing.com

나 주식시장이 불안정하면 반대로 VIX 지수는 치솟는 현상이 발생한다. 과거 VIX 지수가 35에 도달했을 때 역사적 폭락이 발생했다는 것을 알 수 있다. 크게 5번 정도 VIX 지수가 35 이상 발생했는데 이 시기가 가장 두려운 구간이다. 반대로 이 시기에 주식을 매입했다면 누군가에게는 절호의 기회로 작용했을 것이다.

주식 대가들은 퀀텀 점프를 할 수 있는 시점은 주식을 저점에 매수하는 것이라고 말한다. 하지만 반대로 주식이 저점 구간에 있을 때에는 엄청난 공포로 인해 심리적으로 매수하기가 힘들어진다. 폭락장에서 주식 매입을 망설이다 타이밍을 놓치고 이후 재상승하게 되더라도 또다시 폭락할 것 같은 걱정과 두려움에 바라만 보게 된다.

그렇기 때문에 여러 지표를 중점적으로 확인하고 자신의 선택 기준을 만들어나가야 한다. 그 방법 중 하나가 VIX 지표를 활용하는 것이

VIX 지수가 높았던 시기		
첫 번째	**러시아 모라토리엄**	VIX 지수 40
두 번째	**닷컴 버블**	VIX 지수 40
세 번째	**글로벌 금융 위기**	VIX 지수 역사상 최고치인 60
네 번째	**유럽 재정 위기**	VIX 지수 42
다섯 번째	**코로나19**	VIX 지수 53

다. VIX 지수를 살펴보면 공통점이 있다. VIX 지표가 35 이상 치솟았을 때 폭락이 발생한 뒤 큰 기회로 작용했다. 코로나19 시기 VIX 지수는 50 이상 치솟았다. VIX 지수가 30 이상이라면 분할 매수 시점을 잡아가야 한다. 두려울 수 있지만, 역설적으로 공포 지수를 활용해 저점을 찾아 나갈 수 있는 힌트가 VIX에 숨어 있다.

상승장, 하락장 체크리스트

매일 10분의 시간을 활용해보자. 처음에는 생소하고 어렵겠지만 매일 10분 정도 투자해 리듬을 익혀나간다면 나중에는 5분만으로도 충분하다. 한 가지 지표로는 하락장과 상승장을 구분할 수 없다. 하지만 여러 지표를 매일 공부한다면 버블 구간과 폭락 구간을 가리키는 힌트가 숨어 있다는 것을 알 수 있다. 그 지점을 찾아내야 투자 성공 확률을 높일 수 있다. 한 박자 빠른 포지션을 갖춰 남들과 반대로 투자해야 부자가 될 수 있다.

상승장, 하락장 체크리스트(오른쪽 빈칸에 확인 후 표기)

코스피 연봉(10일선 확인)	
삼성전자 월봉(60일선 확인)	
달러 지수 하단(900원~1,100원)	
달러 지수 상단(1,300원~1,500원)	
하이먼 민스키 심리 곡선(뉴스와 주변 사람들 심리 확인)	
VIX 지수 상단(30~50)	
VIX 지수 하단(15~20)	

* 달러 지수, VIX 지수 확인: investing.com
* 코스피 연봉, 삼성전자 월봉: 각 증권사 HTS
* 하이먼 민스키 심리 곡선: 주변 지인들의 심리 관찰

ETF 사용설명서

2

복리 투자 실전 2단계: 지수 우상향 이해하기

워런 버핏은 유언을 통해 사망 후 자신의 재산 90%는 S&P 500 인덱스펀드에 투자하고, 나머지 10%는 미국 단기 국채에 투자하라고 밝혔다. 남겨진 가족이 자신만큼 투자를 잘할 수 없다면 미국과 지수 우상향을 믿으라는 것이다. 이런 유언은 지수 우상향과 복리 투자가 밑바탕에 깔려 있었기 때문에 가능한 일이었다. 나 역시 지수 우상향의 원리를 이해하고 상승에 대한 믿음을 바탕으로 투자에 임했다.

S&P 500은 30년 동안 수많은 악재 속에서도 꾸준히 우상향하며 연평균 10.7% 성장률을 기록했다. 연간 10% 수익률이다. 단기 투자로도 10% 이상의 수익을 낼 수는 있다. 그러나 장기 투자 시 매년 10% 수익률을 낸다는 것은 거의 불가능에 가깝다. 꾸준히 수익을 낸다는 것은 복리의 개념이 붙어, 자산이 기하급수적으로 늘어난다는 의미

다. 우리는 그처럼 어린 나이에 투자를 시작하지 못했지만 지금이라도 복리 투자에 대한 원리를 이해하고 철저히 준비해나갈 때 안전한 노후를 준비할 수 있다.

투자는 보수적으로 하되 시장은 긍정적으로 봐야 수익을 낼 수 있다. 시장을 부정적으로 바라보면 폭락장처럼 두려움만 가득한 시장에서 용기를 내서 투자해야 할 때 머뭇거리며 절호의 기회를 놓치게 된다. 2023년 5월 당시 한국거래소에 따르면 국내 대표 기업들의 주가수준은 청산가치를 밑도는 것으로 나타났다. 증시 고평가 여부를 가리는 주가수익비율PER도 선진국 평균을 크게 밑돌아 코리아 디스카

S&P 500 ETF 차트

출처: 키움증권 HTS

ETF 사용설명서

운트가 여전하다고 평가했다. 게다가 유가증권시장 상장 기업들의 2022년 순이익과 2023년의 주가수익비율도 11.3배로 미국이나 일본, 영국 등 주요 선진국 평균인 17.9배에 비해 저평가돼 있다고 발표했다.

대한민국 주가가 저평가된 이유는 명확하다. 기업 구조의 불투명성과 북한과의 지정학적 리스크 때문이다. 하지만 이는 과거의 평가이고 미래의 대한민국 주식은 정적 가치를 인정받을 수 있다고 긍정적으로 생각하며 투자해야 지수 우상향을 믿을 수 있다. 실제로 국내 증시는 우상향으로 진행 중이다. 지수와 연동되는 KODEX 200 ETF는

KODEX 200 ETF 차트

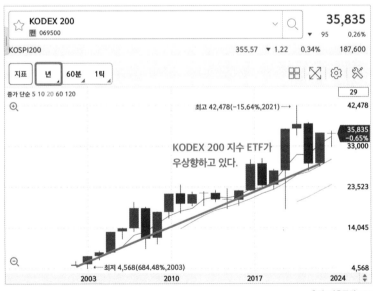

출처: 키움증권 HTS

지수 우상향 차트

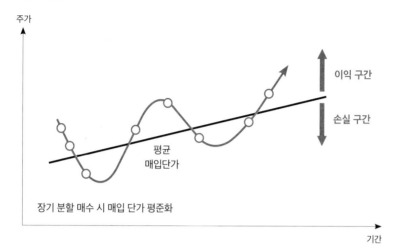

장기 투자 시 바닥에서 무려 929%의 수익률이 발생했다. 비관론자들은 미국은 우상향하지만, 코스피는 '박스피'라며 투자를 권하지 않는 이들도 많다. 그런데 미국도 상승 초입 몇 년은 '박스'에 갇혀 있을 때도 있었다.

단기적 관점으로 마켓 타이밍을 맞추기 위해 자주 사고팔았다면, 개인 투자자로서 장기간 수익을 내기 힘들었다는 건 자명하다. 즉, 지수를 바탕으로 분할 매수를 통해 일정 금액을 꾸준히 사 모았다면 적어도 마켓 타이밍을 맞추려는 개인보다 수익이 높았을 것이다.

2006년 펀드 광풍이 불었을 때, 거의 전 국민 모두가 펀드 투자에 동참했다. 버블이 꺼지기 전까지 누구나 행복했고 주식시장의 버블은 꺼지지 않을 것 같아 보였다. 당시 중국 펀드, 러시아 펀드, 브라질 펀

적립식 투자 예시

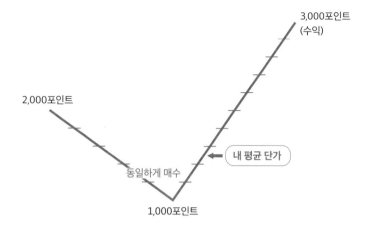

드와 같은 신흥국 펀드는 유독 인기가 많았다. 심지어 주식시장도 버블이 진행 중이었다. 그런데 2008년 리먼 브러더스 사태가 발생하면서 버블이 꺼졌다. 자산가치가 하락하면서 펀드 광풍도 막을 내렸다. 당시 펀드 투자로 인해 큰 손실을 보았다는 뉴스가 속출했다. 이 뉴스를 본 사람들은 겁에 질려 투매했다. 우상향의 개념을 이해하지 못해 벌어진 일이다.

나는 우연히 우상향 개념에 대해서 이해한 계기가 있다. 친구 하나가 2006년 당시 중국 펀드에 투자하고 있었는데 버블이 꺼지고 난 이후 손실이 발생하기 시작했다. 친구는 더 이상 매수하지 않고 최대한 버티며 대응하기로 마음먹었다. 그런데 3년이 지난 후 친구는 그때 산 펀드가 수익권으로 돌아섰다며 자랑했다. 펀드는 꾸준히 사 모으면 추후 상승장으로 돌아섰을 때 50% 수익이 나는 구조였다. 특정 펀드에 투자해 코스피 지수가 1,000포인트에서 2,000포인트로 V자 반등을 했다고 가정해보자. 일정한 금액을 매달 특정 날짜에 분할 매수했다면 1,500포인트 정도의 평균 단가가 이루어진다. 나중에 우상향해서 3,000포인트에 도달한다면 100%의 수익을 얻게 된다.

주식시장이 폭락한다 하더라도 우상향 원리를 이해하고 꾸준히 사 모았다면 결과는 달라진다. 시간이 걸리지만 적어도 내 돈을 지킬 수는 있다. 마켓 타이밍을 맞추려 하지 말고 분할 매수를 통해 꾸준히 사 모으는 게 핵심이다. 이는 주식이 하락장에 돌입해도 이를 기회로 여기며 추후 상승장에서 수익을 노려볼 수 있는 투자법이다. 이처럼 우상향 차트를 이해하는 것은 단순하지만 주식시장에서 성공하는 데 큰 요소로 작용한다.

3

복리 투자 실전 3단계: 분산 투자 적용하기

포트폴리오를 다변화하면 투자 위험을 줄여나갈 수 있다. 만약 한 종목의 주식에만 투자하고 있다고 하면 우상향해 수익을 낼 수도 있지만, 반대로 우하향하게 될 경우 큰 손실을 입을 수도 있다. 따라서 주식 투자 시 나만의 포트폴리오를 만들어나가는 연습이 필요하다. 이는 마음 편하면서 가장 안전하게 수익을 낼 수 있고 자신감 있게 운영할 수 있는 포트폴리오 비율을 말한다. 이 경우, 각자 기준이 다르므로 자신만의 포트폴리오를 만들어가는 것이 중요하고 그 틀에 맞춰 원칙을 지키면 된다.

투자 성공률을 높이기 위해서는 자산을 정확하게 어떤 방식으로 분산해서 투자해야 할지 고민해야 한다. 제일 나쁜 방식은 계속 주식을 사고파는 습관이다. 이 경우, 절호의 기회가 왔을 때 기회를 잡지 못할

뿐만 아니라 하락장이 도래했을 때 더 큰 손실로 이어질 수 있다. 그럼 어떻게 분산 투자를 해야 효과적일까?

개인이 수많은 기업을 모두 분석해 자신만의 포트폴리오를 짜기란 쉽지 않다. 이러한 어려움을 해소해줄 수 있는 투자 방법으로 지수 추종 ETF는 좋은 분산 투자의 한 형태다. 주식처럼 한 종목으로 거래되지만 KODEX 200 ETF의 경우 200개의 회사를 한 포트폴리오에 담아 투자하기 때문에 200개의 기업 중 일부에 문제가 발생하더라도 ETF 자체적으로 종목 교체를 하기 때문에 마음 편한 투자를 이어나갈 수 있다. 한 종목에 투자했으나 분산 투자의 효과를 누릴 수 있는

추천 예시 포트폴리오

구성 종목(자산)	주식 수	비중(%)
삼성전자	7,201	31.96
SK하이닉스	856	7.19
셀트리온	259	2.71
NAVER	203	2.60
POSCO홀딩스	103	2.54
현대자동차	213	2.30
기아자동차	381	1.98
삼성SDI	79	1.76
LG화학	70	1.68
카카오	482	1.65

출처: 네이버증권, 2024년 1월 21일

ETF 사용설명서

방식이 지수 추종 ETF 투자다.

개별 주식에서 방향성을 맞추는 것은 불가능하다. 자산이 증가할수록 개별 주식을 보유한 사람은 불안함을 안고 투자할 수밖에 없다. 하지만 지수 추종 ETF는 200개 주식을 추종하기 때문에 상장폐지 위험이 극히 낮고 일부 회사가 상장폐지되더라도 ETF 내에서 교체되므로 걱정하지 않아도 된다. 상승장과 하락장만 구분해낼 수 있다면 하락장 마지막 국면에서 현금화한 돈을 지수 ETF에 분산 매집하면 충분히 10%에서 20% 수익률을 목표로 할 수 있다. 설령 하락 국면에서 추가로 주가가 하락하더라도 분산 투자로 대응한다면 승산이 있다.

분산 투자 포트폴리오

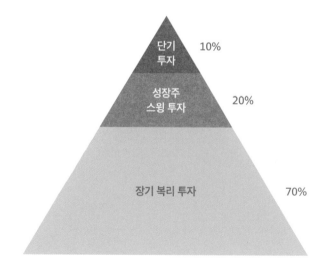

이해를 돕기 위해 현재 내가 가진 포트폴리오 비중을 이야기해보고자 한다. 나는 연평균 10%에서 20% 수익률을 목표로 투자하고 있고 돈을 절대 잃지 않는 복리 투자를 실천하고 있다. 그래서 전체 비율 중 70% 정도를 KODEX 레버리지에 투자하고 있다. 아직 우리나라 주식이 저렴할 뿐만 우상향할 가능성이 높다고 판단해서다. 물론 KODEX 200과 KODEX 200 레버리지에 반씩 나눠 투자해도 무방하다. 미국 지수 추종 ETF에 투자해도 된다. 지수 추종 ETF에 투자하는 원리는 같기 때문이다.

투자하면서 욕구를 억누르라고 말하고 싶지는 않다. 자신의 투자 스타일이 있기 때문에 20% 정도는 성장주에 투자하는 것도 추천한다. 미래의 성장 기업을 발굴해서 투자하게 되면 내면의 만족도 채울 수 있고 투자 감각도 좋아진다. 성장주는 미래를 기대하게 만드는 효과도 있다. 느리고 안전하게 투자하는 방식이 맞는다면 빠르게 흘러가는 주식에 투자할 필요 없다.

마지막 10%는 코인이나 테마주에 투자하는 것도 나쁜 선택은 아니다. 장기 투자로는 투자에 대한 갈증을 해소할 수 없는 사람들도 있기 때문이다. 단기 투자로는 주식시장의 흐름을 느끼며 실력 향상도 이룰 수 있다. 하지만 급등 주식에 투자하기 위해서는 자신을 통제하고 다룰 줄 알아야 한다. 또한 한계를 명확히 알아야 한다. 10% 이상은 위험하다. 만약 냉정하지 못하다면 마지막 투자는 실천하지 않길 바란다.

복리 투자 6단계를 실천하면 꾸준히 안전하게 수익을 낼 수 있다. 나만의 투자 구조를 통해 시간이 지날수록 수익은 걷잡을 수 없이 늘어나는 결과를 만들어낼 수 있다. 느리더라도 안전하게 노후를 준비하는 것이 답이다. 직장을 다니며 투자할 시간이 제한적이라면 지수 추종 ETF 투자 비중을 더 늘려도 좋다. 한 가지 파이프라인(월급)으로는 노후를 100% 준비해나갈 수 없다. 오늘부터 자신의 포트폴리오를 만들어 제2의 월급 파이프라인을 만들어보자.

분산 투자 팁

1. 자신에 맞는 복리 수익률을 찾는다
   (KODEX 200, KODEX 200 레버리지, 해외 지수 추종 ETF 등).
2. 분산 투자 비중을 설정한다(시간이 없다면 ETF 투자 비중을 더 늘린다).
3. 최소한 70%는 ETF 장기 복리 상품에 투자한다.
4. 자신만의 포트폴리오를 만들었다면 꾸준히 믿고 투자해나간다.

4

복리 투자 실전 4단계: 현금 비중 조정하기

사람들은 계좌에 현금이 많이 남아 있으면 오히려 불안해한다. 언제나 어디에든 투자하고 있어야 한다는 고정관념이 강하게 자리하고 있다. 그러나 반대로 생각해보면 현금을 가지고 있다는 것은 내 입맛에 딱 맞는 투자 기회가 항상 열려 있는 셈이다. 야구 경기에서 타자가 배트를 계속 휘두를 필요가 없다. 기회가 왔을 때 제대로 안타나 홈런을 치는 게 더 좋다. 투자 역시 남들과 반대로 생각해봐야 한다. 지금 아껴둔 현금이 꼭 필요한 순간 기회로 다가올 수 있다.

현금을 투입하고 회수하는 기회를 잡기 위해 사계절 투자법을 추천한다. 주식시장에도 봄, 여름, 가을, 겨울이 존재한다. 추울 때가 있으면 더울 때가 있고 더울 때가 있으면 선선할 때가 있다. 각자의 주기에 맞춰 투자한다면 좀 더 안정적인 투자를 할 수 있다. 이때 욕심을 내려놓고 자신이 정한 투자 매뉴얼대로 움직여보자. 주식시장의 사계절을 맞추기는 어렵다. 하지만 주기를 계산할 수 있는 연습을 통해 흐름을 읽고 투자해야 한다. 약육강식의 세계에서 내가 강해지지 않으면 잡아 먹히기 십상이다. 매일 분석하고 공부하며 나만의 투자 철학을 정립해나가야 한다. 나만의 고유한 주식 철학이 정립돼야만 주식시장에서 살아남을 수 있다.

봄(주식이 폭락하고 모두가 시장을 떠나는 시기)

주식이 폭락해 사람들이 시장을 떠날 때다. 뉴스에서는 연일 비관적인 이야기만 나올 것이다. 이 시기를 오히려 나는 봄(거품이 꺼진 단계)이라고 한다. 봄에는 내 주식 투자 자산의 전부가 들어가도 된다. 봄에는 풀과 새싹이 돋아나듯 주식시장도 상승의 초입에 들어설 가능성이 크다. 후에 살피면 이 시기가 주식시장의 바닥이 될 가능성도 높다. 따라서 분할 매수로 주식 수를 늘려가며 대응한다. 두렵지만 현실을 직시하고 온몸으로 시장을 따라가며 흐름을 파악해야 한다. 다만 분산 투자가 이루어져야 한다. 시장을 주시하다 내가 원하는 가격대가 온다면 그때부터는 분할 매수로 대응해서 우량주나 실적에 변함이 없는 주식, 펀더멘털 하락으로 인해 과도하게 떨어진 주식을 매입하면 된다. 자신이 없으면 지수 ETF를 분할 매수하면 된다.

여름(상승을 준비하는 시기)

100% 매집한 주식을 끌고 가는 단계다. 이때도 마찬가지로 100% 주식을 보유해야 한다. 성과를 얻는 시기다. 온몸으로 겨울을 버텨냈기 때문에 그에 대한 보상으로 햇빛을 온몸으로 받아들이는 시점이다. 내 수익을 적립해나가는 단계로 생각하면 된다. 이 시기에는 폭락한 이후 재차 폭락할 것처럼 시장을 흔드는 기사나 이슈가 연일 쏟아진다. 하지만 이 시점에서 흔들려 주식을 매도한다면 큰 이익을 얻을 수 없다. 오히려 주식시장에서 좀 멀리 떨어져 바라보는 것이 현명하다. 봄에 주식시장의 풍파를 온몸으로 버텼다면 여름에는 오히려 주식시장에서 한 발짝 떨어져 긍정적인 시선으로 바라보면 된다.

가을(버블 초입 단계로 들어서는 시기)

가을에는 냉정해져야 한다. 사고 싶어도 참아내야 한다. 이때부터는 언제든 주식시장이 하락장으로 돌아설 수 있다고 생각하고 투자에 임해야 한다. 주식이 무한히 오를 수도 있다는 생각, 내가 가진 주식이 계속 올라 수익이 발생할 것이라는 생각을 접고 주식이 하락장으로 접어들 수 있다고 의심해봐야 한다. 주식시장은 이때부터 뜨겁게 달아오르기 시작한다. 상승장을 지나 버블 초입 단계로 들어설 가능성이 크다. 이득이 났을 때 거두지 못한다면, 후에 올 하락장을 온전히 견뎌내야 한다. 오히려 반대로 생각하는 시점이 가을이다. 시장에 취해서 내 현금이 전부 들어가 있으면 하락장으로 전환되는 순간 시간도 잃고 돈도 잃게 된다는 것을 명심하자. 이때부터는 봄에 심었던 것을 수확해야 한다. 자산의 50%는 매도하고 50%만 남긴다. 이때는 달러 흐름이나 하이먼 민스키 심리 곡선을 항상 체크하고 있어야 한다. 현금화한 수익으로 달러(헤지) 가격을 확인해봐야 한다. 달러 또한 내가 매집해야 하는 구간(900원에서 1,100원 사이)에 도달했다면 분산 매집해야 하는 구간이기도 하다. 주식시장이 계속 오를 것 같다는 환상에서 빠져나와야 한다. 마음을 냉정하고 차갑게 만들어서 매뉴얼대로 투자하는 시기다. 이 시기 인버스는 추천하지 않는다(인버스는 달러와 같이 예측할 수 없다. 즉, 상단과 하단이 막혀 있지 않은 투자 수단이다).

겨울(버블이 꺼지기 직전의 시기)

본격적인 버블 단계다. 주가는 계속해서 오른다. 도저히 주식에 뛰어들지 않고 못 배길 정도의 기사가 흘러나온다. 겨울은 욕심이 끝없는 시기다. 있는 돈, 없는 돈, 빌려 쓴 돈까지 모든 현금이 주식시장으로 흘러들어오게 된다. 버블이 터지기 직전에 주식시장에서 빠져나오지 못하면 곧 상승장에서 번 돈을 모조리 잃게 되는 구간이다. 미수 신용 잔액 또한 최대치에 도달한다. 하지만 미수와 신용으로 불어난 거품은 이후 주식이 하락장으로 돌아서면 반대 매매로 인해 매도가 매도를 부르는 화약고의 도화선이 된다. 대부분의 개인은 버블의 단계에서 빠져나오지 못하고 실패하게 된다. 이 시기 자산의 70% 이상을 현금화하고 달러에 투자하며 대피해 있어야 한다. 하지만 투자자로서 아무것도 하지 않으면 주식시장에서 완전히 소외되는 감정이 들기 때문에 30%는 남겨 두고 언제든 빠져나올 준비를 하고 있어도 된다.

사람들은 의외로 겨울(버블)에 실패하는 경우가 많다. 사계절을 모두 겪고 나면 5% 정도만 살아남고 95%는 주식시장에 참패하거나 손절매하고 시장을 떠나게 된다. 왜 버블 단계에서 개인들이 부나방처럼 달려드는 것일까? 이는 군중심리에서 찾아볼 수 있다. 나만 시장에 참가하지 않으면 손해를 본다는 착각에 빠지게 되기 때문이다. 이 시기에는 단호하게 현금화를 해나가야 한다. 물론 팔고 난 뒤에도 주식이 오르면 배가 아프다. 하지만 하락장으로 돌아서는 순간 살아남는 개인은 5%밖에 안 된다는 점을 명심해야 한다. 버블의 꼭대기에서 끊어내지 못하면 내가 오히려 당할 수도 있다고 생각하고 투자에 임해야 한다.

주식시장의 사계절 투자법

봄	주식이 폭락하고 모두가 시장을 떠나는 시기 100% 주식 투자(매수 전략)
여름	상승을 준비하는 시기 100% 주식 투자(보유 전략)
가을	버블 초입 단계로 들어서는 시기 50% 주식 투자, 50% 현금화 및 달러 헤지
겨울	버블이 꺼지기 직전의 시기 30% 주식 투자, 70% 현금화 및 달러 헤지
다시 봄	현금과 달러(헤지)에 투자했던 자산을 팔아 주식을 매집하는 단계

주식시장에서의 봄과 여름은 주식의 버블이 꺼져 폭락한 상태고, 가을과 겨울은 오히려 버블에 있는 단계다. 사람들은 가을과 겨울 사이 버블 한가운데로 들어가 자신의 자산을 전부 투입해 오히려 봄과 여름같이 좋은 기회가 와도 주식을 매수할 돈이 없게 된다. 그런데 대부분의 사람들은 가을과 겨울에 주식시장에 참가한다. 왜 항상 반대로 투자하는 것일까?

주식은 한없이 오르지도 않고 끝없이 하락하지도 않는다. 사람의 심리에 의해 버블이 발생하고 공황으로 인해 투매가 발생하게 된다. 그러므로 단계 구분만 해나갈 수 있다면 투자 비중을 조절해 꾸준한 수익을 이어나갈 수 있다. 현금이 있어야 기회도 잡을 수 있다. 매뉴얼을 지킨다면 절대 돈을 잃지 않는다는 워런 버핏의 투자 원칙을 나도 지킬 수 있다.

코스피 지수로 본 주식시장의 사계절

출처: 키움증권 HTS

* 봄, 여름, 가을, 겨울, 그리고 다시 봄의 순서다. 결국, 각 구간에서의 현금 비중을 조절해 상승장과 하락장을 동시에 대비해 다음 봄의 단계에서 재투자를 반복해 장기 복리 투자로 큰 수익을 만들어낼 수 있게 된다.

  그렇다면 언제가 봄인지 알 수 있을까? 지수 방향은 100% 맞출 수 없다. 주식이 폭락하기 시작되면 공포로 인해 저점에 분할 매수를 하는 것조차 두렵다. 이후 시장이 반등해도 여전히 공포로 인해 매수를 망설일 수밖에 없다. 주식이 급격히 오르게 되면 그제야 뒤늦게 주식에 뛰어들게 되는 잘못을 범하게 된다. 돈을 버는 구간은 봄과 여름 구간이지만 이 시기에는 정작 두려움에 떨다 가을 구간에 도달해서야 투자하게 된다. 그렇기 때문에 과거 데이터를 잘 읽어내 주식시장의 사계절을 이해하고 있어야 한다.

  사실 하락장 끝에는 결국 다시 봄이 오지만 하락장 한가운데의 공

ETF 사용설명서

더블딥 예상도

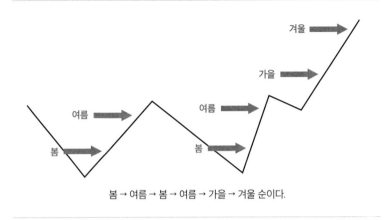

봄 → 여름 → 봄 → 여름 → 가을 → 겨울 순이다.

포는 이루 말할 수 없다. 현금을 들고 있어도 기준이 없다면 매수할 용기가 나지 않는다. 정확한 기준을 바탕으로 하락 이유를 분석한 뒤 고점 대비 지수가 30% 이상 떨어지는 구간에서는 분할 매수를 고려해봐야 한다. 여름이 오면 매집을 하고도 더블딥이 발생할 수도 있다. 저점에서 매수한 사람들도 이 시기에 거의 백기를 들고 매도를 이어갔다. 봄에 매집이 끝났는데 더블딥이 오는 건 사람이 예측할 수 있는 부분이 아니다. 더블딥 구간은 버티는 수밖에 없다. 만약 저점에서 산 물량을 더블딥 구간에서 못 버티고 판다면 이후에 대세 상승장으로 돌아서도 두려움에 이러지도 못하고 저러지도 못하는 심리가 발생해 멍하니 시장만 처다보게 된다. 그러다 가을과 겨울(버블 단계)에 뒤늦게 주식을 매수하게 될 수밖에 없다. 여름의 단계는 더블딥이 오느냐, 아니면 추가 상승장으로 돌입하느냐의 싸움이다. 여름의 단계에서 심리적으로 밀린다면 어렵게 매집한 봄 단계의 노력이 물거품이 될 수 있다는 것을 명심해야 한다.

가을 단계에 들어서면 본격적으로 주식이 오르게 된다. 봄과 여름에 사지 못한 개인들이 가을 구간에 들어서며 주식시장에 뛰어든다. 하지만 가을 구간은 빠르게 상승세가 이어지며 살까 말까 망설이는 투자자들을 받아주지 않고 출발한다. 이후 탑승하지 못한 개인들만 멍하니 시장을 바라보며 지금이라도 들어가야 하나 말아야 하나 고민을 하게 되는 단계다. 막상 상승장이 진행되지만 아이러니하게 딱히 돈을 번 개인은 별로 없다.

100% 상승만 하는 주식은 없다. 버블은 100% 꺼진다. 또한 버블은 예고 없이 찾아온다. 계속해서 겨울만 오는 것도 아니고 봄만 이어지지도 않는다. 냉정함을 바탕으로 탐욕을 걷어내고 매뉴얼대로 투자해야 한다. 나 역시 13년간 투자를 했지만, 사실 욕심을 억제하면서 투자를 하는 것은 정말 어려운 일이다. 보통 95%는 투자에 실패하지만 내가 5%에 들어갈 수 있으면 큰돈을 벌 수 있는 게 아닌가? 나만의 매뉴얼로 남들과 반대로 생각하고 투자에 임해야 생존하고 부를 쟁취할 수 있다.

경기가 단기간 회복했다 다시 불황에 빠지는 상태인 W자 불황, 즉 (현금이 100% 들어가 있는) 봄과 여름 상태에서 다시 한 번 주가가 하락하는 더블딥이 올 수 있다. 이럴 경우 어떻게 대응해야 할까? 그 답은 역시 버티기다. 워런 버핏 또한 이 방법을 사용한다. 확실한 매수, 매도 타이밍을 찾을 수 없기 때문에 분할 매수와 분할 매도를 통해 매뉴얼대로 가을과 겨울 구간이 올 때까지 버티며 시장을 이겨낸 후 추후 가을과 겨울 단계에서 차익 실현을 하고 다음을 준비해나가야 한다.

계절을 파악하기 위해서는 주식시장의 상승 구간과 하락 구간을 의미 있는 수치로 예측할 수 있어야 한다. 코스피 연봉과 삼성전자 월봉, 그리고 환율을 자주 확인해보자. 주식시장과 달러는 반대로 연동해서 움직인다. 하이먼 민스키 심리 곡선을 보면 주식이 버블 단계에 들어가 있는지(가을과 겨울에 해당), 뉴스에서 주식시장이 전고점을 돌파하고 신고가를 경신했다는 뉴스가 나오고 시장을 떠나 있던 사람들이 주식시장에 참가하고 있는지 확인해봐야 한다. 이 세 가지 지표를 확인하고 공부해나간다면 자신만의 사계절을 만들어낼 수 있다. 나 역시 주식에 투자하면서 사계절을 세 번 정도 경험했다. 고점 대비 지수가 30% 이상 빠지는 것도 보았고 저점 대비 30% 이상 오르는 것도 보았다. 따라서 보이는 곳에 투자 원칙을 적어두고 항상 확인해야 한다. 모아둔 현금과 달러는 주식이 폭락하고 봄이 왔을 때 나를 부자로 만들어줄 원료가 될 것이다. 결국 봄에서 여름, 가을, 겨울을 보내고 다시 봄을 맞는 사계절을 온전히 지켜내고 수익을 냈을 때 진정한 나만의 투자 방정식이 완성된다.

폭락장에서도 배운다

주식이 폭락했을 경우 현금을 들고 있다면 일생일대의 기회가 될 수 있다. 그렇기 때문에 현금 비중을 조절해 폭락장이 오기 전에 현금이나 달러를 확보하고 폭락 시 다시 주식을 분할 매수해 수익을 만드는 방식을 연습해야 한다. 그러기 위해서 주식시장이 폭락할 경우, 고점 대비 몇 퍼센트 이상 낮아졌을 때 주식을 매수해나가야 할지 고민해봐야 한다. 그래야만 공포 속에서 투자 시점을 잡아나갈 수 있고 투자 비중을 늘릴 수가 있다.

과거 대공황은 특이한 상황으로, 근래 들어 미국 발 금융위기를 제외하고는 -30% 선에서 폭락은 마무리되고 다시 주가는 우상향했다. -30% 선에서 마무리됐다는 것은 고점 대비 -30% 근처에 도달했을 때는 주식 매입 시기를 선택해야 한다는 신호다. 이때부터는 분할 매수를 통해 주식 매집에 들어가야 한다. 만약 이 시기에도 주식을 매수하지 못한다면 평생 좋은 투자 기회는 찾아오지 않는다. 주식 폭락은 큰 기회로 다가올 수 있기 때문에 과거 데이터를 확인하고 투자에 임해야 한다.

과거 폭락장(고점 대비 하락률)

1929년 대공황	85% 폭락
1987년 미국 신용등급 위기	18% 폭락
2008년 미국 발 금융위기	56% 폭락
2018년 연방준비은행 금리 인상 위기	30% 폭락
2020년 코로나19 위기	30% 폭락
2022년 연방준비은행 금리 인상 위기	35% 폭락

5

복리 투자 실전 5단계: 나만의 복리 표 만들기

　동료들과 이야기를 나누다 대부분 노후 준비를 하고 있지 않다는 것을 알게 되었다. 그 이유 중 하나는 노후 준비에 대한 목표가 희미하기 때문이다. 한 리크루팅 사이트에서 30대와 40대 남녀 직장인 2,385명을 대상으로 노후 준비에 관련한 설문 조사를 진행한 결과, 37%가 노후를 생각하면 암담하고 불안하다고 답변했다. 반면 희망적이고 긍정적이라고 답한 이들은 24.2%에 불과했다. 현재 노후 준비를 잘하고 있는지 묻는 항목에 잘하고 있다고 응답한 직장인은 25.9%에 불과한 반면, 잘 못하고 있다고 답한 이들은 74.1%에 달했다.

　누구나 한 번쯤 명확히 목표를 세워보고 치열하게 살아간 적이 있을 것이다. 그중 하나가 대학수학능력시험이다. 많은 학생들이 수능을 보기 위해 12년 동안 부단히 노력하고 몰입하며 살아왔다. 자신이 원하는 목표에 도달한 사람도 있고, 도달하지 못한 사람도 있겠지만 그 과정에서 각자 성장해왔다. 하지만 어느새 직장인이 되고 나니 쳇바퀴 돌듯 하루하루를 살면서 목표를 세울 여유도 열정도 식어버린 지 오래다. 주말만을 기다리며 하루하루를 버티는 심정으로 체념하며 살아가게 된다.

실제 직장 생활을 시뮬레이션 해보면 은퇴가 얼마 남지 않았다는 것을 알 수 있다. 현재 미래를 외면하며 직장을 다니고 있다면 노후에 고통스러운 삶이 우리 앞에 마중 나와 있을 것이다. 목표가 없는 삶은 나침판 없이 바다를 항해하는 것과 같다. 따라서 목표로 나아가기 위해서 나만의 복리 표를 만들어 준비해야 한다. 이는 투자하는 데 있어 기준점이 되고 흔들리지 않는 굳건한 나침판이 되어줄 것이다.

많은 직장인들이 주식 투자를 하지만, 목표를 세워 투자에 임하는 이들은 의외로 찾아보기 힘들다. 대부분 주먹구구식 투자를 한다. 오늘부터라도 투자에 대한 목표를 명확히 세우고 장기 복리 투자를 이용해 꾸준히 수익 내는 구조를 만들어야만 은퇴 후의 삶을 자신 있게 살아갈 수 있다. 이제부터 설명할 복리 표는 알기 쉽게 되어 있어 누구나 따라 할 수 있다. 단순하게 자신의 연간 목표와 기간 그리고 수익률을 설정해보자. 10분이면 충분하다.

3단계 복리 표

복리 표 3단계는 순차적 목표 달성을 위한 길잡이다. 처음부터 장기 목표를 설정한다면 빨리 지칠 수 있다. 우선 단기 목표를 달성한 후 중기 목표, 장기 목표를 바라보고 가는 것이 중요하다. 5년이 힘들다면 3년 단위로 설정해서 목표를 세워도 된다.

1단계	단기 복리 표(5년)
2단계	중기 복리 표(10년)
3단계	장기 복리 표(20년)

복리 수익률 설정

복리 수익률은 2단계로 분류했다. 그 이상의 수익률을 목표로 하면 투자 위험도가 높아지기 때문에 20%까지의 수익률로 설정해 놓았으며 자신의 실력에 맞춰 1단계에는 10% 수익률, 2단계에는 20%이라는 수익률 목표를 설정하면 된다. 만약 10%의 수익률에 도달하고 자신의 실력이 향상되었다면 이후에 수익률 목표를 높여 잡을 수도 있고 10%의 수익이 높다고 생각한다면 5%에서 7%에 목표를 두고 투자해도 무방하다.

1단계	10%
2단계	20%

나만의 복리 표 만들기

1. 엑셀로 복리를 계산해 작성한다. 목표 기간을 연달아 곱한다.

투자 원금(1,000만 원)×1.1(10%)을 5번 연달아 곱해나간다.

나이	복리 기간(연)	연평균 10% 목표		완료 체크
		원금(만 원)	수익률(만 원)	
36	1	1,000	1,100	
37	2	1,100	1,210	
38	3	1,210	1,331	
39	4	1,331	1,464	
40	5	1,464	1,610	61% 복리 수익률

2. 네이버 복리 계산기 이용(적립식 투자 시)

네이버 복리 계산기를 사용하면 복리를 쉽게 확인해볼 수 있다. 검색창에서 복리 계산기를 검색한 다음 각각 월 적립액, 적립 기간, 연이율, 비과세 부분을 작성한 다음 계산해보면 원금과 함께 수익을 확인할 수 있다.

3. 복리 계산기(fical.net)

별도의 복리 계산기를 이용할 수도 있다. 각각 초기 금액과 복리 기간, 수익률 등을 계산하면 결괏값을 볼 수 있다. 수익률과 연간 수익금 계산이 자동으로 이루어진다. 적립식 계산도 가능하니 같이 활용해서 사용해보자. 초기 투자금 1,000만 원, 복리 5년에 연간 10% 수익률을 계산하면 5년 후의 총 금액은 16,105,100원이고 총 수익은 6,105,100원이다.

	기본	적립식

복리 계산기

초기 금액 (₩)

| 10,000,000 |

복리 횟수 (기간)

| 5 |

수익률 (%)

| 10% |

계산하기

복리 계산기 사용

기간(연)	수익(원)	총액(원)	수익률(%)
1	1,000,000	11,000,000	10.00
2	1,100,000	12,100,000	21.00
3	1,210,000	13,310,000	33.10
4	1,331,000	14,641,000	46.41
5	1,464,100	16,105,100	61.05

나에게 맞는 종목 선정하기

주식 투자 시기상 봄에 지수 추종 ETF에 투자하고 겨울에는 현금 또는 달러 선물 ETF에 투자해 상승장과 하락장 양쪽에서 수익을 내는 투자 방식도 고려해볼 만하다. 지수 추종 ETF 투자 시 1배짜리 10%를 목표로 할 것인지, 2배 레버리지 투자로 20% 수익률을 목표로 할 것인지, 더 나아가 국내 지수 추종 ETF에 투자할 것인지, 해외 투자 ETF에 투자할지 등을 정해본다. 달러 역시 1배짜리 달러 ETF에 투자할 것인지, 2배짜리 달러 ETF에 투자할 것인지 결정할 수 있다. 2배 레버리지 투자는 주식 투자 사이클을 읽어낼 수 있는 경우 추천한다.

초보 투자자라면 안전하게 연 10% 수익률로 1배짜리 ETF에 투자하는 것을 권한다. 만약 둘 다 경험해보고 싶다면 50%씩 나눠 투자를 해도 된다. 이 경우 수익률은 15%로 목표로 설정하면 된다. 실제로는 7%로 수익으로 복리 투자를 해도 되고 15%로 투자 목표를 정해도 된다. 다만 3배짜리 지수 추종 ETF는 추천하지 않는다. 2배짜리 레버리지 ETF 또한 매매하는 구간에 따라 위험할 수 있다. 가끔 3배짜리 지수 ETF에 투자하는 사람도 있다. 물론 수익도 화끈지만 손실도 화끈하다는 것을 인지해야 한다. 만약 고점 부근이나 단기적 폭락이 발생해 미국 지수에서 33% 이상의 손실이 발생한다면 원금이 0원에 수렴할 수 있다. 그러므로 가능하면 3배 지수 ETF는 손대지 않는다. 추천 종목들은 다음과 같다.

1. 지수 추종 ETF 1배 종목

한국 KODEX 200 ETF

미국 DIA(다우지수 1배 지수 추종 ETF)

SPY(S&P 1배 지수 추종 ETF)

QQQ(나스닥 1배 지수 추종 ETF)

2. 지수 추종 ETF 2배 종목

한국 KODEX 200 레버리지 ETF

미국 DDM(다우지수 2배 지수 추종 ETF)

SSO(S&P 2배 지수 추종 ETF)

QLD(나스닥 2배 지수 추종 ETF)

3. 달러 지수 추종 ETF 1배 종목

한국 KODEX 미국 달러 선물 ETF

미국 UUP(달러 지수 1배 추종 ETF)

3. 달러 지수 추종 ETF 2배 종목

한국 KODEX 미국 달러 선물 레버리지 ETF

미국 2배 없음

구체적 복리 표 작성하기

1단계: 단기 복리 표(5년)

처음부터 장기 목표를 설정하게 되면 도달하기 전에 지칠 수 있다. 그러므로 단기 목표를 1단계로 설정하고 그렇게 다섯 번, 즉 5년을 설정해 실행해나간다. 직장인들에게 은퇴 및 노후 자금이 필요한 시점을 기준으로 안전하게 준비해가기 위해 매매 빈도를 줄인다. 5년을 먼저 이루고 난다면 자신감이 생겨 중기 목표와 장기 목표도 이룰 수 있다. 10%가 목표라면 투자 원금(1,000만 원)×1.1(10%)을 5번 곱해나간다(10% 복리).

나이	복리 기간(연)	연평균 10% 목표		완료 체크
		원금(만 원)	수익률(만 원)	
36	1	1,000	1,100	
37	2	1,100	1,210	
38	3	1,210	1,331	
39	4	1,331	1,464	
40	5	1,464	1,610	61% 복리 수익률

ETF 사용설명서

20%가 목표라면 투자 원금(1,000만 원)×1.2(20%)를 5번 곱해나간다(20% 복리).

나이	복리 기간(연)	연평균 20% 목표		완료 체크
		원금(만 원)	수익률(만 원)	
36	1	1,000	1,200	
37	2	1,200	1,440	
38	3	1,440	1,728	
39	4	1,728	2,073	
40	5	2,073	2,488	148% 복리 수익률

2단계: 중기 복리 표(10년)

5년 동안 목표에 맞게 잘해왔다면 10년 복리 표로 계획을 늘려 새로운 동기부여를 해나가야 한다. 매일 투자 지표도 확인하고 이를 습관으로 삼아야 한다. 매일 10분이라도 투자 공부를 해야 리듬을 잃지 않는다. 10% 수익률이 목표라면 투자 원금(1,000만 원)×1.1(10%)을 10번 곱해나간다(10% 복리).

나이	복리 기간(연)	연평균 10% 목표		완료 체크
		원금(만 원)	수익률(만 원)	
36	1	1,000	1,100	
37	2	1,100	1,210	
38	3	1,210	1,331	
39	4	1,331	1,464	
40	5	1,464	1,610	
41	6	1,610	1,771	
42	7	1,771	1,948	
43	8	1,948	2,143	
44	9	2,143	2,357	
45	10	2,357	2,593	159% 복리 수익률

20% 수익률이 목표라면 투자 원금(1,000만 원)×1.2(20%)를 10번 곱해나간다(20% 복리).

나이	복리 기간(연)	연평균 20% 목표		완료 체크
		원금(만 원)	수익률(만 원)	
36	1	1,000	1,200	
37	2	1,200	1,440	
38	3	1,440	1,728	
39	4	1,728	2,073	

40	5	2,073	2,488	
41	6	2,488	2,985	
42	7	2,985	3,583	
43	8	3,583	4,299	
44	9	4,299	5,159	
45	10	5,159	6,191	519% 복리 수익률

3단계: 장기 복리 표(20년)

최종 3단계는 20년이다. 이처럼 3단계를 꾸준히 해나가기 위해서는 지치지 않는 마음가짐이 가장 중요하다. 앞서 10년 동안의 성과를 믿고 다시 한 번 10년을 준비해나간다는 마음가짐도 필요하다. 하지만 안전하고 꾸준히 수익을 내 자산을 크게 키워나가는 방법은 복리 투자법뿐이다. 단기 투자로는 많이 벌 수도 있지만, 많이 잃을 수도 있다는 생각을 해야 한다. 그렇기 때문에 직장인들은 회사 업무에 집중하고 추가적 소득으로 장기 복리 투자를 꾸준히 해나가 마음 편한 노후를 맞이하면 된다.

10% 수익률이 목표라면 투자 원금(1,000만 원)×1.1(10%)을 20번 곱해나간다(10% 복리). 20% 수익을 원한다면 1.2를 20번 반복해 곱하면 된다.

나이	복리 기간(연)	연평균 10% 목표		완료 체크
		원금(만 원)	수익률(만 원)	
36	1	1,000	1,100	
37	2	1,100	1,210	
38	3	1,210	1,331	
39	4	1,331	1,464	
40	5	1,464	1,610	
41	6	1,610	1,771	
42	7	1,771	1,948	
43	8	1,948	2,143	
44	9	2,143	2,357	
45	10	2,357	2,593	
46	11	2,593	2,853	
47	12	2,853	3,138	
48	13	3,138	3,452	
49	14	3,452	3,797	
50	15	3,797	4,177	
51	16	4,177	4,594	
52	17	4,594	5,054	
53	18	5,054	5,559	
54	19	5,559	6,115	
55	20	6,115	6,727	572% 복리 수익률

예일대학교에서 목표를 종이에 적은 졸업생과 그렇지 않은 졸업생들이 이후 목표를 얼마나 이루었는지를 연구한 결과가 있다. 그 결과, 목표가 있는 학생과 없는 학생은 부의 차이가 극명하게 벌어졌다. 목표를 설정하고, 달성 기간과 행동 계획, 달성 이유 등과 같은 구체적인 사항들을 종이에 적은 졸업생은 불과 3%밖에 없었으며, 나머지 97%의 졸업생들은 목표를 설정하지 않았거나, 종이에 적지 않았다. 그 결과 20년 후 목표를 정확히 설정하고 종이에 적은 3% 졸업생들의 부가 나머지 졸업생들의 부의 합계보다 많았다고 한다.

왜 명확히 목표를 계획한 학생과 계획하지 않는 학생의 결과가 이토록 다를까? 정확한 목표를 계획해야 실행하게 되는 동기가 만들어지게 되고, 이를 실천하기 위해서 방법을 찾고 목표에 도달하려고 노력해 나가기 때문이다. 작은 차이가 큰 차이를 만든다. 지금이라도 목표를 명확히 하고 꾸준히 실천해 나간다면 상위 3%의 삶을 살아갈 수 있다. 목표를 세우고 구체화하고 행동하는 것 자체가 이미 부의 길로 들어선 것이다.

6

복리 투자 실전 6단계: 시뮬레이션 확인하기

    최종 시뮬레이션 과정을 진행해보자. 지금까지의 성과를 토대로 최종 목표에 도달할 수 있는지를 스스로에게 물어봐야 한다. 투자 목표가 확고하다면 수정해야 할 부분과 잘되어가는 부분을 확인할 수 있다. 단계별 반복 시뮬레이션을 진행하면서, 자신만의 구조와 공식을 활용해보자.

1단계: 나만의 복리 표 만들기

    각자 투자 성향이 다르기에 자신만의 맞춤 복리 표를 만들어야 한다. 처음 만든 복리 표가 혹시 나와 맞지 않는다면 수정하면 된다. 목표에 맞는 복리 표를 만들어나가는 것이 중요하다. 1단계에서는 5년짜리 단기 복리 표를 우선 만든다. 자신의 시드머니 금액을 정한 다음,

나만의 복리 표 만들기

나이	복리 기간(연)	연평균 20% 목표		완료 체크
		원금(만 원)	수익률(만 원)	
36	1	1,000	1,200	
37	2	1,200	1,440	
38	3	1,440	1,728	
39	4	1,728	2,073	
40	5	2,073	2,488	
41	6	2,488	2,985	
42	7	2,985	3,583	
43	8	3,583	4,299	
44	9	4,299	5,159	
45	10	5,159	6,191	
46	11	6,191	7,430	
47	12	7,430	8,916	
48	13	8,916	10,699	
49	14	10,699	12,839	
50	15	12,839	15,407	
51	16	15,407	18,488	
52	17	18,488	22,186	
53	18	22,186	26,623	
54	19	26,623	31,947	
55	20	31,947	38,337	3,733% 복리 수익률

10%에서 20% 수익률을 정하면 된다. 그다음 1배짜리 지수 추종 ETF 나 달러 ETF, 또는 2배짜리 지수 추종 ETF나 달러 ETF, 또는 둘 사이 에서 고민이라면 반씩 나눠 투자할지 정해보자. 이처럼 단기 복리 표 를 만든 후 중기(10년), 장기(20년) 복리 표도 만들어본다. 처음에는 단 기 목표를 추구하지만, 중기, 장기 목표 또한 매일 확인해야 꾸준히 집 중할 수 있다.

2단계: 시드머니 만들기

의미 있는 금액이 있어야 의미 있는 수익이 난다. 우선 1억 원을 모 아보자. 그렇다고 1억 원을 모으기 전까지 투자하지 말라는 소리가 아 니다. 금액이 적을 때에는 투자 공부와 매매 연습을 병행하며 계획을 성공시킬 수 있는 구조를 만드는 시간을 보내야 한다. 이 시간을 얼마 나 의미 있게 보내느냐에 따라 앞으로 목표에 대한 자신감이 생기게 된다.

3단계: 상승장과 하락장 구분하기

코스피 연봉, 삼성전자 월봉, 달러 지표, 하이먼 민스키 심리 곡선을 바탕으로 상승장과 하락장을 구분해낸다. 이를 매일 확인하는 습관도 만들어야 한다. 한두 번 해서는 몸에 익지 않는다. 처음에는 지표를 체 크하는 데 오래 걸려 힘들다. 하지만 습관이 되고 나면 10분이면 충분 하다. 투자하면서 가장 나쁜 습관은 시장을 외면하는 것이다. 내 목돈

을 투자하고 있는데 아무런 관심이 없는 것과 똑같다. 지표를 읽어나
가는 시각을 높여나간다면 투자 안목도 금세 생긴다. 하루 10분간 체
크리스트를 확인하며 시장의 흐름을 읽어나가자.

상승장, 하락장 체크리스트

코스피 연봉(10일선 확인)	
삼성전자 월봉(60일선 확인)	
달러 지수 하단(900원~1,100원)	
달러 지수 상단(1,300원~1,500원)	
하이먼 민스키 심리 곡선(뉴스와 주변 사람들 심리 확인)	
VIX 지수 상단(30~50)	
VIX 지수 하단(15~20)	

4단계: 나만의 주식시장 사계절 확인하기

상승장과 하락장을 구분할 수 있는 주식시장의 사계절을 만들어보
자. 앞에서 말했듯 100% 정답은 없다. 그렇기 때문에 나만의 사계절
구간을 만들어야 한다. 그런 다음 투자 비중을 정하고 그에 맞춰 투자
에 임해야 한다. 이때 마음은 냉정하게 하고 정해진 계획대로 투자를
진행해야 수익을 쟁취할 수 있다. 투자의 방향성은 전문가도 맞출 수
없다. 하지만 투자 구간에서의 비중 조절을 통해 상승과 하락을 동시

에 준비하고 있어야 의미 있는 기회가 찾아오게 된다. 시장이 하락장으로 돌변했는데도 내 원금이 100% 투자된 상태라 매도 기회를 놓쳤다면 하락장이 끝나는 시점에 기회가 와도 저렴하게 주식을 매수할 돈이 없게 된다. 어떠한 일이 있더라도 규칙을 지켜야 한다. 이번만, 조금만이라는 단어는 없다. 미련 따위는 남겨두지 말자.

봄	100% 주식 투자(매수 전략)
여름	100% 주식 투자(보유 전략)
가을	50% 주식 투자, 50% 현금화 및 달러 헤지
겨울	30% 주식 투자, 70% 현금화 및 달러 헤지

5단계: 나만의 분할 매수, 분할 매도 구간 만들기

주식시장의 봄 구간에 도달하면 분할 매수해보자. 1억 원의 현금이 있다면 주식이 원하는 구간에 도달했을 때 1,000만 원씩 10번, 또는 2,000만 원씩 5번에 걸쳐 분할 매수할 수 있다. 각자 자신에게 어울리는 방법을 선택하면 된다. 가을과 겨울이 되면 분할 매도를 통해 다음 하락장을 대비해나간다. 이때 달러가 원하는 가격대에 와 있다면 분할 매수로 접근해보는 것도 방법이다. 아직 원하는 금액에 도달하지 못했다면 계속 현금을 확보해나간다.

ETF 사용설명서

6단계: 습관으로 만들기

나만의 복리 표를 만들었다면 꼭 습관으로 삼자. 상승장과 하락장 사이클을 읽어내고 분할 매수, 분할 매도를 통해 복리 수익률을 만들어나가면 된다. 각 단계별 목표가 명확하다면 실전 투자 빈도는 몇 번되지 않는다. 하지만 시장의 흐름을 읽어나가기 위해서는 매일 10분의 시간을 투자해나가야 한다. 나 역시 1년에 매매를 몇 번 하지 않는다. 마음 편하게 투자하는 방법이 가장 좋다. 복리 실전 단계를 요약하면 다음과 같다.

복리 실전 1단계	상승장과 하락장 구분하기
복리 실전 2단계	지수 우상향 이해하기
복리 실전 3단계	분산 투자 적용하기
복리 실전 4단계	현금 비중 조정하기(사계절 투자법)
복리 실전 5단계	나만의 복리 표 만들기
복리 실전 6단계	시뮬레이션 확인하기

3장

하락장에도 살아남는
14가지
ETF 투자 시스템

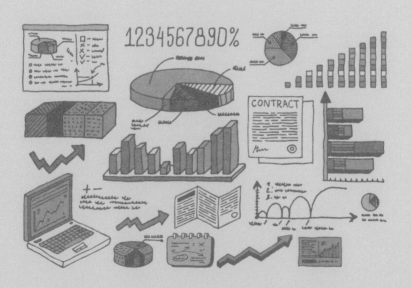

1

초보자를 위한
ETF 시장 사용설명서

ETFExchange Traded Fund는 인덱스펀드를 거래소에 상장시켜 투자자들이 주식처럼 편리하게 거래할 수 있도록 만든 상품이다. 투자자들이 개별 주식을 고르는 데 수고를 하지 않아도 되는 펀드 투자의 장점과 언제든지 시장에서 원하는 가격에 매매할 수 있는 주식 투자의 장점을 모두 가지고 있다.

ETF는 KOSPI 200이나 S&P 500과 같이 한국의 대표 200개 기업 또는 미국의 대표 500개 기업을 지수화하여 추종하게끔 만든 지수 추종 상품과 금, 은, 원유 등 원자재를 기초 자산으로 만든 ETF, 달러와 엔 등 각국의 통화를 기초 자산으로 한 환율 ETF, 채권을 기초 자산으로 한 상품 ETF까지 다양하다. 요약하면 다음과 같다.

KOSPI 200 지수

KOSPI 200 지수는 주가지수 선물, 옵션 거래 대상으로 개발된 주가지수다. 이 지수는 증권거래소에 상장된 주식 중 시장의 대표성이나 유동성 등을 고려해 선정된 200개 종목의 시가총액을 나타낸다. 지수는 기준 시점인 1990년의 200개 종목의 상장 시가총액을 100포인트로 하고 200개 종목의 상장 시가총액을 비교하는 방식으로 계산된다. KOSPI 200을 계산하기 위해서는 전체 900개 종목 중에서 상장 시가총액이 큰 순으로 분류해 200개 종목을 선택한다. 선택된 종목의 상장 시가총액은 전체 시가총액의 70% 수준이다. 2024년 3월 기준, KOSPI 200 지수 구성 종목은 삼성전자, LG에너지솔루션, SK하이닉스, 현대자동차, 기아, 셀트리온 등이 있다. 즉, KOSPI 200 지수를 추종한 ETF 상품을 산다는 것은 지수 전체를 사는 것과 같다.

KOSPI 200 지수 대표 구성 종목

종목	현재가	등락	등락률
삼성전자 005930	73,400	▲ 200	+0.27%
SK하이닉스 000660	156,200	▼ 1,800	-1.14%
LG에너지솔루션 373220	401,500	▲ 1,000	+0.25%
삼성바이오로직스 207940	774,000	▼ 27,000	-3.37%
현대차 005380	250,500	▲ 2,500	+1.01%
기아 000270	124,500	▲ 6,800	+5.78%
셀트리온 068270	179,700	▼ 10,300	-5.42%
POSCO홀딩스 005490	431,500	▼ 6,000	-1.37%
LG화학 051910	453,000	▼ 11,500	-2.48%
NAVER 035420	195,000	▼ 9,000	-4.41%

출처: 네이버증권, 2024년 3월 1일

S&P 500 지수

S&P 500 지수 구성 종목으로는 테슬라, 엔비디아, 애플, 마이크로 소프트 등 상위 500개 종목으로 구성되어 있다. S&P 500 지수 추종 ETF를 매수한다는 것은 S&P 500 전체에 투자하는 것과 같다. 이처럼 ETF는 인덱스펀드를 추종하여 주식처럼 거래하게 만든 상품을 의미한다.

S&P 500 지수 대표 구성 종목

종목	가격	변동	등락률
NVDA 엔비디아	791.12	▲ 14.49	+1.87%
AAPL 애플	180.75	▼ 0.67	-0.37%
AMD 어드밴스드 마이크로 디바이시스(AMD)	192.53	▲ 15.99	+9.06%
TSLA 테슬라	201.88	▼ 0.16	-0.08%
MSFT 마이크로소프트	413.64	▲ 5.92	+1.45%
AMZN 아마존닷컴	176.76	▲ 3.60	+2.08%
META 메타 플랫폼스	490.13	▲ 6.11	+1.26%
CRM 세일즈포스	308.82	▲ 9.05	+3.02%
GOOGL 알파벳 Class A	138.46	▲ 2.08	+1.53%

출처: 네이버증권, 2024년 3월 1일

인덱스펀드

인덱스펀드란 경제 주가 지표의 변동과 동일한 투자 성과의 실현을 목표로 구성된 포트폴리오로, 증권시장의 장기적 성장 추세를 전제로 하여 주가 지표의 움직임에 연동되게 포트폴리오를 구성해 운용함으로써 시장의 평균 수익을 실현하는 것을 목표로 하는 기법이다. 한국의 코스피 지수, 미국의 나스닥 지수, 다우지수 등이 포함되어 있고 그

ETF, 주식, 인덱스펀드 상품 비교

구분	ETF	주식	인덱스펀드
운용 목표	특정 인덱스	인덱스 초과 수익	특정 인덱스
법적 성격	집합투자증권	지분증권	집합투자증권
투명성	높음	높음	보통
유동성	높음	높음	낮음
결제일	T+2	T+2	T+3
증권대차	가능	가능	불가능
레버리지 기능 (증거금 매입)	가능	가능	불가능
거래 비용	위탁수수료/운용보수 (약 0.5%)	위탁수수료	운용보수
시장 위험	시장 위험	시장/개별 위험	시장 위험
분산 투자	가능	불가능	가능
증권거래세	면제	매도 시	적용 배제

* T+2는 영업일 기준으로 2일 후에 결제된다는 것을 의미한다.

외에도 상품, 채권, 외환 등 다양한 상품을 골고루 편입하고 이를 지수화해 수익률을 올릴 수 있도록 운용하는 펀드를 말한다.

ETF 시장의 성장성

2024년 1월 말, ETF 시장의 자산 총액은 약 124조 원이었다. 2012년에는 14조 원 규모였으나 10년 만에 8.8배로 성장했다. 2002년 당시 총액이 3,400억 원인 것을 고려하면 364배 성장했고 앞으로도 꾸준히 성장할 것으로 예상한다. 국내 ETF 493개(주식 357개, 채권 101개, 액티브 117개, 레버리지 및 인버스 55개 등), 해외 ETF 331개(주식 231개, 채권 32개, 액티브 67개, 레버리지 및 인버스 37개 등)로 총 824개 종목이 상장되어 거래되고 있다. 현재 코스피 836개 종목, 코스닥 1,666개 종목이 상장되어 있다. ETF는 824개 상품이 상장되어 거래되고 있다. ETF 시장은 결코 작은 시장이 아니다.

ETF 투자는 미국에서 시작되어 현재 전 세계 시장을 주도하고 있다. 미국에는 우리나라의 4배가 넘는 2,800개의 ETF가 상장되어 있으며 한 해 8,000억 달러(1,080조 원)의 자금이 유입된다. 운용자산 규모는 7조 달러(9,449조 원)로, 전 세계 시장의 73.5%를 미국 ETF 시장이 차지하고 있다. 국내에서도 꾸준히 ETF 시장이 성장하고 있지만, 미국은 우리나라보다 인덱스(지수)에 꾸준히 투자하는 비중이 높으며

ETF 시장 개요

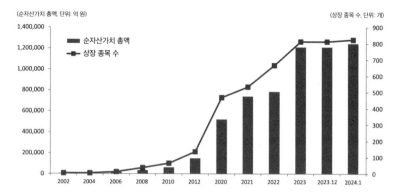

(순자산가치 총액, 단위: 억 원)   (상장 종목 수, 단위: 개)

시장 규모

(단위: 억 원, 천좌, 개)

구 분	2002	2004	2006	2008	2010	2012	2020	2021	2022	2023	'23.12월	'24.1월
순자산가치총액	3,444	4,896	15,609	33,994	60,578	147,177	520,365	739,675	785,116	1,210,657	1,210,657	1,244,900
(직전대비 증감률)	-	42.2%	218.8%	117.8%	78.2%	143.0%	253.6%	42.2%	6.1%	54.2%	-0.3%	2.8%
발행 좌수	43,700	47,890	130,655	311,100	334,040	843,579	3,643,389	5,268,018	5,905,733	6,914,113	6,914,113	7,187,256
(직전대비 증감률)	-	9.6%	172.8%	138.1%	7.4%	152.5%	331.9%	44.6%	12.1%	17.1%	-0.6%	4.0%
일평균 거래대금	327	113	230	981	1,102	5,442	38,433	29,389	27,828	32,078	27,553	30,853
(직전대비 증감률)	-	-65.6%	104.4%	325.6%	12.4%	393.8%	606.2%	-23.5%	-5.3%	15.3%	-5.4%	12.0%
상장 종목수	4	4	12	37	64	135	468	533	666	812	812	824
ETF 운용사	2	2	3	7	11	15	15	18	23	26	26	26

출처: 한국거래소, 2024년 3월 1일

노후 준비의 수단으로 퇴직 때까지 적립식 투자를 하는 투자자도 늘어나는 추세다. 이에 국내 투자자들의 미국 ETF 투자 비중도 점점 높아지고 있다.

ETF의 숨은 의미 해석하기

ETF에 처음 투자하는 투자자뿐만 아니라 오래 투자한 이들도 자신이 선호하는 ETF 위주로 종목을 선택하기 때문에 때문에 시장에서 사용되는 전체 ETF 명칭의 의미를 정확히 이해하는 투자자는 드물다. 그러므로 초보 투자자에게 ETF는 생소하고 어렵게 느껴질 수도 있다. 하지만 ETF 명칭에는 정해진 규칙이 있기 때문에 의미만 정확히 알면 투자하는 데 도움이 된다. 각 명칭의 의미는 다음과 같다.

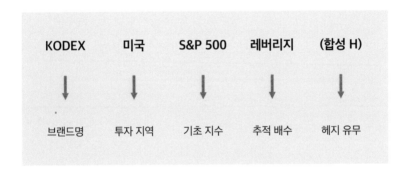

투자 지역은 기초 지수를 따르는 나라를, S&P 500은 해당 지수를, 레버리지는 수익률과 지수의 정비례 관계를 의미한다. 합성(H)이라는 단어가 붙은 상품은 자산운용사가 증권사에 매도 및 매수를 일임하는 상품을 의미한다. 요약하면 다음과 같다.

- **투자 지역**: 해당 지수의 국가를 의미한다.
- **기초 지수**: ETF는 기초 지수를 기반으로 만든 금융 상품으로 기초 지수가 움직이는 만큼 ETF 가격도 같이 움직이며 수익률은 기초 지수와 연동된다.
- **추적 배수**: 추적 배수의 인버스는 투자자의 수익률과 해당 지수가 역수 관계에 있어 레버리지는 해당 지수와 수익률 관계가 2배 상승 또는 하락률을 갖는다. 인버스 2X는 인버스의 2배 상승 또는 하락률을 갖는다.
- **합성**: 자산운용사가 증권사와 계약을 맺고 증권사가 대신 매도하거나 매수 한다는 의미이다.

특히 종목 끝에 붙은 H는 국내 ETF에 사용되지 않으며 환율 차이가 발생하는 해외 ETF에 붙는다. 헤지는 환율을 차단한다는 의미가 있다. 말 그대로 환율 변동의 영향을 받지 않고 순수하게 종목의 가치에 투자할 수 있다. 환 헤지 상품의 경우 환율을 헤지하는 과정에서 수수료가 발생해 일반적으로 운용 보수가 환 헤지가 붙지 않은 상품보다 높다. 보통 환율이 떨어질 때 수익에 대한 환율적 손해를 볼 수 있지만, 만약 환 헤지 기능이 있다면 환율 손해는 보지 않는 장점이 있다.

ETF 브랜드에는 해당 ETF를 운용하는 회사만의 고유한 브랜드명이 부여된다. KODEX로 시작하는 ETF 상품이 있다면 이는 삼성자산운용에서 운영한다고 이해하면 된다. 대표 상위 운용사들은 다음과 같다.

KODEX	삼성자산운용	ARIRANG	한화자산운용
TIGER	미래에셋자산운용	KBSTAR	KB자산운용
KINDEX	한국투자신탁운용	TREX	유리자산운용
KOSEF	키움자산운용	GIANT	대신자산운용

ETF 투자 방법

ETF는 주식의 장점과 펀드의 장점을 합쳐 만든 상품이기 때문에 투자하는 과정 또한 주식과 동일하다. HTS에서 '돋보기'를 클릭한 뒤, 종목을 검색한다. ETF 창이 열리는 것을 확인할 수 있다. 투자하고 싶은 ETF를 검색한 뒤, 주식과 같은 방식으로 매수하면 된다.

ETF를 검색하는 방법

ETF를 검색한 다음 투자하고 싶은 ETF 종목을 살펴본다. 만약 KODEX 200을 매매하고 싶다면 이를 입력해 검색한 후 시세를 확인하고 주식과 동일한 방식으로 매매를 진행하면 된다.

종목 검색하기

KODEX 200 검색

출처: 키움증권 HTS

KODEX 200
시세 확인

KODEX 200
매매 확인

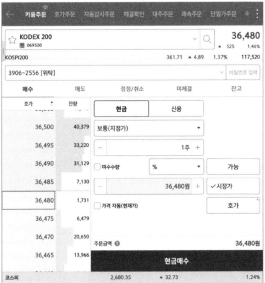

출처: 키움증권 HTS

ETF 사용설명서

레버리지와 인버스 ETF 투자 전 주의사항

ETF는 인덱스펀드를 거래소에 상장시켜 투자자들이 주식처럼 쉽게 거래할 수 있도록 만든 상품이지만 그중 레버리지 상품과 인버스 상품은 고위험상품으로 분류되어 있다. 따라서 레버리지와 인버스 ETF 상품은 실력이 충분히 갖춰진 후 투자해야 한다.

인버스와 레버리지 상품을 거래하고 싶다면 사전 교육을 이수하고 증권사에 이수 번호를 입력해야 한다. 금융투자교육원(www.kifin.or.kr)에서 수강할 수 있으며 3,000원 정도의 수강료가 부과된다. 수강을 완료하면 이수번호가 부여된다. 레버리지와 인버스 ETF는 단기적인 시장 전망을 읽을 줄 안다면 투자하기 적합한 상품이지만, 그만큼 투자하면서 좀 더 신중해야 한다. 또한 레버리지와 인버스에 투자할 경우 의무 예탁금으로 계좌에 최소 1,000만 원을 보유해야 한다. 이는 투자의 위험성을 감안한 조치로 이해하면 된다. 교육 과정은 다음과 같다.

1. 금융투자교육원 홈페이지 접속

2. 회원 가입 및 로그인

3. 사전 의무교육 수강 신청 및 학습하기

4. 수료증 발급

5. 이수번호 발급

6. 증권사에 이수번호를 등록한 뒤 ETF 거래 신청

ETF의 종류를 알아보자

지수 추종 ETF

지수를 추종해 설계한 지수 추종 ETF로, 한국을 대표하는 KOSPI 200 지수를 추종하는 KODEX 200 ETF, 미국을 대표하는 S&P 500 지수를 추종하는 SPY 등이 있다.

기준일: 2024/03/22 | 단위 : 억원,원,주

선택	종목명	유형	순자산	종가	거래량 (3개월평균)	수익률(%)	총보수(%)	운용사
○	KODEX 200	시장지수/코스피200	71,357	37,605	7,038,615	7.59	0.15	삼성자산운용
○	TIGER 200	시장지수/코스피200	23,694	37,675	1,484,532	7.67	0.05	미래에셋자산운용
○	KODEX 200TR	시장지수/코스피200	21,565	12,905	435,336	7.50	0.05	삼성자산운용
○	KBSTAR 200	시장지수/코스피200	13,432	37,895	799,132	7.58	0.02	케이비자산운용
○	TIGER MSCI Korea ...	시장지수/MSCI Kor...	12,881	16,055	7,604	8.92	0.12	미래에셋자산운용
○	KODEX 코스닥150	시장지수/코스닥	8,170	15,135	10,428,490	10.72	0.25	삼성자산운용
○	KOSEF 200TR	시장지수/코스피200	6,834	46,985	111,562	7.38	0.01	키움투자자산운용
○	ARIRANG 200	시장지수/코스피200	6,348	38,370	154,660	7.60	0.04	한화자산운용
○	HANARO 200	시장지수/코스피200	5,573	37,695	100,248	7.52	0.04	엔에이치아문디...
○	KODEX MSCI Korea ...	시장지수/MSCI Kor...	5,138	12,795	6,205	8.80	0.09	삼성자산운용
○	ACE 200	시장지수/코스피200	4,527	38,135	65,845	7.56	0.09	한국투자신탁운용
○	KOSEF 200	시장지수/코스피200	3,625	37,670	76,650	7.49	0.13	키움투자자산운용
○	KODEX 코스피	시장지수/코스피200	3,338	28,400	265,608	7.29	0.15	삼성자산운용

출처: seibro.co.kr

섹터별 ETF

섹터는 금융, 에너지, 기초 소재, 산업, 경기 소비재, 필수 소비재, 건강 관리, 정보기술, 커뮤니케이션, 유틸리티, 부동산과 같은 11개의 산업군으로 나뉘어 있다. 이런 종목을 섹터별로 묶어 상품으로 출시한 상품군을 섹터별 ETF라 한다.

선택	종목명	유형	순자산	종가	거래량 (3개월평균)	수익률(%)	총보수(%)	운용사
○	TIGER 200 IT	섹터/IT	8,083	34,720	87,411	7.08	0.40	미래에셋자산운용
○	KODEX 반도체	섹터/IT	7,779	39,470	573,277	10.65	0.45	삼성자산운용
○	TIGER Fn반도체TOP...	섹터/IT	7,667	12,090	3,479,561	15.69	0.45	미래에셋자산운용
○	KODEX 자동차	섹터/경기소비재	6,610	21,825	616,909	14.30	0.45	삼성자산운용
○	KODEX 은행	섹터/금융	4,055	8,705	802,095	31.00	0.30	삼성자산운용
○	SOL AI반도체소부장	섹터/IT	3,755	15,120	2,044,752	12.58	0.45	신한자산운용
○	TIGER 헬스케어	섹터/의료	2,654	35,695	148,263	20.12	0.40	미래에셋자산운용
○	TIGER 반도체	섹터/IT	2,455	41,040	356,533	11.01	0.46	미래에셋자산운용
○	KBSTAR 비메모리반...	섹터/IT	2,277	13,240	1,410,981	14.53	0.50	케이비자산운용
○	KODEX AI반도체핵심...	섹터/IT	2,101	12,365	2,475,119	20.40	0.39	삼성자산운용
○	TIGER AI반도체핵심...	섹터/IT	2,025	11,680	2,297,335	18.34	0.45	미래에셋자산운용
○	KBSTAR IT플러스	섹터/IT	1,709	19,025	16,006	3.03	0.45	케이비자산운용
○	KODEX K-메타버스액...	섹터/IT	1,433	7,195	80,083	-4.89	0.50	삼성자산운용

스타일 ETF

특성이 비슷한 종목을 모아 만든 ETF를 스타일 ETF라고 한다. 고배당 ETF, 대형주 ETF, 소형주 ETF, 성장주 ETF 등 여러 섹터의 개별 주식들을 조합해 투자 스타일에 맞춰 상품화한 것이다.

선택	종목명	유형	순자산	종가	거래량 (3개월평균)	수익률(%)	총보수(%)	운용사
○	KODEX Top5PlusTR	스타일/스타일	12,512	22,750	22,538	14.87	0.15	삼성자산운용
○	ARIRANG 고배당주	스타일/스타일	3,414	14,780	653,572	20.95	0.23	한화자산운용
○	TIGER 은행고배당플...	스타일/스타일	2,007	13,575	467,211	34.46	0.30	미래에셋자산운용
○	KODEX 배당가치	스타일/스타일	1,309	14,720	92,129	12.67	0.30	삼성자산운용
○	KoAct 배당성장액티브	스타일/스타일	1,301	10,375	989,937			삼성액티브자산...
○	KODEX Fn성장	스타일/스타일	896	15,690	78,494	6.77	0.30	삼성자산운용
○	KBSTAR 대형고배당1...	스타일/스타일	645	20,150	14,297	14.59	0.15	케이비자산운용
○	KBSTAR 고배당	스타일/스타일	375	14,435	48,580	15.11	0.20	케이비자산운용
○	KODEX 고배당	스타일/스타일	340	10,305	45,676	11.83	0.30	삼성자산운용
○	TIGER 코스피고배당	스타일/스타일	319	15,405	16,997	10.91	0.29	미래에셋자산운용
○	KODEX 배당성장	스타일/스타일	212	15,120	13,668	7.85	0.15	삼성자산운용
○	TIGER 배당성장	스타일/스타일	187	18,870	7,955	7.83	0.15	미래에셋자산운용
○	KODEX 200가치저변동	스타일/스타일	178	11,850	21,073	14.38	0.30	삼성자산운용

상품 ETF

원자재는 현물로 구매한다면 보관이 불편하므로 시장에서 원자재 지표를 지수화해 거래하게 되는데 이 지표를 추종해 만든 것이 상품 ETF다. 금이나 은, 원유, 구리 등에 다양하게 투자할 수 있다.

기준일 : 2024/03/22 | 단위 : 억원, 원, 주

선택	종목명	유형	순자산	종가	거래량 (3개월평균)	수익률(%)	총보수(%)	운용사
○	KODEX 골드선물(H)	상품/금속	1,572	13,620	87,593	5.13	0.68	삼성자산운용
○	ACE KRX금현물	상품/금속	1,507	13,440	109,026	9.67	0.50	한국투자신탁운용
○	KODEX 은선물(H)	상품/금속	728	4,595	185,231	0.44	0.68	삼성자산운용
○	KODEX WTI원유선물...	상품/원유	648	15,340	217,674	9.18	0.35	삼성자산운용
○	TIGER 골드선물(H)	상품/금속	351	14,565	15,683	5.20	0.39	미래에셋자산운용
○	TIGER 구리실물	상품/금속	252	10,540	9,792	6.09	0.83	미래에셋자산운용
○	TIGER 원유선물Enha...	상품/원유	237	4,555	116,807	8.07	0.69	미래에셋자산운용
○	TIGER 농산물선물En...	상품/농산물	150	6,245	7,228	-5.59	0.69	미래에셋자산운용
○	KODEX 3대농산물선...	상품/농산물	148	9,610	7,788	-9.43	0.55	삼성자산운용
○	KODEX 구리선물(H)	상품/금속	105	6,970	9,953	2.35	0.68	삼성자산운용
○	TIGER 금은선물(H)	상품/금속	77	10,205	2,486	4.35	0.69	미래에셋자산운용
○	KODEX 콩선물(H)	상품/농산물	65	13,005	844	-8.29	0.68	삼성자산운용
○	KBSTAR 팔라듐선물(...	상품/금속	53	5,220	8,590	-18.12	0.60	케이비자산운용

출처 : seibro.co.kr

채권 ETF

안정적인 이자 수익을 추구하면서 일반 주식처럼 증권 시장에서 자유롭게 거래할 수 있는 인덱스펀드의 일종이다. 채권 지수 연계형 금융 상품으로 국채와 우량 회사채 지수 등을 벤치마킹하는 ETF 상품이다.

기준일: 2024/03/22 | 단위 : 억원,원,주

선택	종목명	유형	순자산	종가	거래량 (3개월평균)	수익률(%)	총보수(%)	운용사
○	KODEX CD금리액티...	채권/단기자금	76,108	1,030,660	354,186	0.89	0.02	삼성자산운용
○	TIGER CD금리투자KI...	채권/단기자금	71,923	54,030	375,500	0.92	0.03	미래에셋자산운용
○	KODEX KOFR금리액...	채권/단기자금	50,784	106,220	272,948	0.88	0.05	삼성자산운용
○	TIGER KOFR금리액...	채권/단기자금	46,437	104,760	31,969	0.89	0.03	미래에셋자산운용
○	KODEX 종합채권(AA-...	채권/회사채권	29,076	110,030	13,472	0.89	0.05	삼성자산운용
○	KODEX 24-12 은행채...	채권/회사채권	26,477	10,235	63,965	0.94	0.05	삼성자산운용
○	KBSTAR 머니마켓액...	채권/단기자금	16,523	51,925	174,950	1.09	0.05	케이비자산운용
○	KODEX 단기채권PLUS	채권/단기자금	11,646	109,975	18,651	0.95	0.15	삼성자산운용
○	KBSTAR 종합채권(A-...	채권/회사채권	11,485	101,910	3,865	0.73	0.01	케이비자산운용
○	TIGER 24-12 금융채(...	채권/회사채권	8,485	50,920	3,694	1.17	0.10	미래에셋자산운용
○	KODEX 단기채권	채권/단기자금	7,441	109,110	19,396	0.85	0.15	삼성자산운용
○	TIGER 단기채권액티브	채권/단기자금	7,434	53,575	23,066	0.89	0.07	미래에셋자산운용
○	TIGER 24-04 회사채(...	채권/회사채권	7,302	52,075	101,526	1.04	0.10	미래에셋자산운용

출처: seibro.co.kr

파생상품 ETF

주가 상승만 바라보지 않고 다른 수익을 추구하는 ETF로 위험 감소를 위한 헤지 기능이나, 레버리지 기능, 파생상품을 합성해 새로운 금융 상품을 만들어내는 기능이 있다.

기준일: 2024/03/22 | 단위 : 억원,원,주

선택	종목명	유형	순자산	종가	거래량 (3개월평균)	수익률(%)	총보수(%)	운용사
○	KODEX 레버리지	파생상품/레버리지	22,345	19,865	21,292,322	12.90	0.64	삼성자산운용
○	KODEX 200선물인버...	파생상품/인버스	14,507	2,020	136,317,1...	-13.49	0.64	삼성자산운용
○	KODEX 코스닥150레...	파생상품/레버리지	10,581	13,270	22,436,741	20.91	0.64	삼성자산운용
○	KODEX 인버스	파생상품/인버스	6,386	4,120	17,153,071	-6.26	0.64	삼성자산운용
○	TIGER 미국배당+7%...	파생상품/구조화	4,798	10,430	829,472	7.45	0.39	미래에셋자산운용
○	KODEX 코스닥150선...	파생상품/인버스	4,668	3,245	45,504,476	-10.61	0.64	삼성자산운용
○	TIGER 미국나스닥10...	파생상품/구조화	3,105	10,410	526,108	9.37	0.37	미래에셋자산운용
○	KODEX 2차전지산업...	파생상품/레버리지	2,183	4,865	2,879,427	-10.57	0.49	삼성자산운용
○	TIGER 미국테크TOP...	파생상품/구조화	1,713	11,065	687,052		0.50	미래에셋자산운용
○	TIGER 미국필라델피...	파생상품/레버리지	1,638	23,270	228,033	47.79	0.58	미래에셋자산운용
○	TIGER 미국30년국채...	파생상품/구조화	1,326	9,945	1,135,228			미래에셋자산운용
○	KBSTAR 코스닥150...	파생상품/레버리지	1,238	14,730	28,772	22.24	0.60	케이비자산운용
○	TIGER 배당프리미엄...	파생상품/구조화	1,187	11,165	235,647	9.76	0.50	미래에셋자산운용

출처: seibro.co.kr

이처럼 ETF 시장은 6개의 분류로 나뉘어 있으므로, 자신에게 맞는 방법을 선택해서 투자할 수 있다. 특히 스타일 ETF의 경우 고배당, 대형주, 소형주로 묶여 있어 개별 주식에서는 할 수 없는 조합의 ETF 투자가 가능하다. 원자재 ETF나 채권 ETF도 자신의 수익률에 맞춰 투자할 수 있는 투자 상품이라 개별 주식보다 광범위하고 다양하게 투자 선택을 할 수 있는 장점이 있다.

ETF 사용설명서

2

30대에 ETF 투자에
정착한 이유

나는 항상 도전할 때 그 이유가 분명해야 했다. 나 자신이 명확히 이해되지 않는데 남들에게 추천할 수는 없었다. 따라서 ETF 종목을 추천하기 전, 왜 ETF에 대해 투자해야 하는지 설명해보려 한다. 요즘 100년 기업이란 말은 어불성설이다. 그만큼 빨리 변화하고 기술이 진보하기 때문에 시대에 뒤처지는 기업들은 순식간에 도태되어 사라지고 만다. 기업들이 시대의 흐름을 쫓아가지 못하고 안주한다면 존폐를 장담할 수 없는 시대다.

코닥Kodak이라는 회사를 기억하는 분들이 많을 것이다. 필름카메라 분야의 최강자였던 코닥은 혁신과 변화에 뒤처지면서 순식간에 몰락했다. 사실 디지털카메라를 1970년대에 처음 개발한 회사가 코닥이었음에도 말이다. 이후 1980년대에 소니를 비롯한 일본의 여러 전자회사에서 디지털카메라를 만들었음에도 2000년대 들어서야 디지털카메라의 보급이 이루어졌다. 필름카메라의 성공에 안주하는 동시에 기술에 대한 관심이 부족했기 때문에 코닥은 시장 선점에 뒤처졌고 직원들의 조언까지 귀담아듣지 않아 한순간에 몰락하고 만다.

CGV 역시 코닥과 같은 길을 걷고 있다. 코로나19로 인해 세계는 대면에서 비대면의 시대로 넘어갔고 영화관에서도 그 변화가 감지됐다. 영화관은 대형 스크린과 다양한 서비스를 앞세워 대면 시대의 전성기를 구가했고 매년 1,000만 명의 관객이 보는 영화를 쏟아 내며 승승장구했지만, 비대면으로 인해 사람들은 넷플릭스나 아마존 프라임과 같은 OTT를 즐기게 됐다. 코로나19가 사그라들면 시장이 다시 활성화되리라 예상했지만 사람들의 생활 방식은 이미 비대면의 시대에 맞춰 변화했다. 넷플릭스가 주도하는 OTT 시장은 자본력과 시장의 한계를 뛰어넘어 전 세계를 상대로 한국의 콘텐츠도 통할 수 있다는 것을 보여주었다.

그리고 그 시작은 〈오징어 게임〉이 열었다. K-콘텐츠가 전 세계적으로 흥행하자 한국의 영화 배급사나 영화 관계자들 그리고 배우들마저도 기존의 영화보다는 한계가 없는 OTT 시장으로 넘어갔다. CGV는 뒤늦게 OTT와 협업을 진행하고 있지만 뚜렷한 돌파구를 찾지 못하는 상태다. 설상가상으로 대규모 유상증자까지 진행하며 주가는 역사적 저점에 도달해 있다.

과거 주식 투자는 장기 투자가 답이라고 이야기했다. 하지만 20년

시가총액 상위 기업 비교

순위	2004년	2023년
1	삼성전자	삼성전자
2	POSCO	LG에너지솔루션
3	한국전력	SK하이닉스
4	SK텔레콤	삼성바이오로직스
5	국민은행	POSCO홀딩스
6	KT	삼성전자우
7	LG필립스LCD	삼성SDI
8	현대자동차	LG화학
9	SK	현대자동차
10	LG전자	NAVER

전의 시가총액 상위 10개 종목은 지금 얼마나 생존해 있을까? 과거와 현재 시가총액 상위 10개 회사를 알아보자.

20년 전에 시가총액 상위 10위권 중 현재 남아 있는 회사는 삼성전자, POSCO, 현대자동차뿐이다. 살아남은 기업의 공통점은 바로 끊임없는 혁신이었다. 삼성전자는 꾸준한 혁신 경영으로 반도체와 핸드폰 분야에서 세계를 선도하는 기업으로 성장했다. POSCO홀딩스는 과거 제조업 중심의 기업에서 전기자동차 배터리 소재 사업을 선도해나가는 기업으로 체질을 개선하고 있다. 현대자동차 또한 기존의 자동차 사업에 안주하지 않고 전기자동차 산업에 적극적으로 투자해 시가

KODEX 200 ETF 차트

출처: 키움증권 HTS

총액 상위 그룹에 남아 있다. 하지만 사실상 삼성전자를 제외하고는 장기 투자에 실패했다고 보아야 한다. 그렇다면 2004년도에 생긴 지수 추종 KODEX 200 ETF는 어떻게 변해왔을까?

　지수 추종 KODEX 200 ETF는 2004년 저가였던 4,568원 이후 고가인 4만 2,478원을 달성했다. 즉, 920% 가까이 상승해 묵묵히 우상향하고 있다는 것을 알 수 있다. 지수 추종 ETF를 꾸준히 모아갔다면 큰 수익을 얻었을 것이다. 이처럼 개인 투자자는 상승장과 하락장 한 사이클을 겪고 나면 5% 정도만이 살아남아 투자를 이어나간다. 즉, 개별 주식에 장기 투자했다면 수많은 상승장과 하락장을 만났을 것이

2008년	미국 발 금융위기	전고점 대비 -56%
2018년	연방준비은행 금리 인상 위기	전고점 대비 -30%
2020년	코로나19	전고점 대비 -30%
2022년	연방준비은행 금리 인상 위기	전고점 대비 -35%

다. 눈에 띄는 하락장도 위와 같이 짚어볼 수 있다.

이 많은 하락장 속에서 기준과 철학 없이 투자했다면 아직 살아남아 있기란 불가능에 가까울 수 있다. 그러나 만약 지수 ETF에 관한 공부가 되어 있다면 성공한 투자자로 남아 있었을 것이다. 지수 추종 ETF는 시대의 변화와 상관없기 때문이다. 기업의 흥망성쇠를 떠나 KODEX 200 지수를 이끌어가는 상위 시가총액 10위 기업은 수시로 교체되고 있다. 과거 시가총액 상위 10위 안에 자리했던 한국전력은 도태되었지만, 현재는 그 자리를 반도체 기업과 2차전지 기업들이 차지하고 있다. 만약 미래에 반도체나 2차전지가 저물면 그 자리는 다른 성장성 있는 기업으로 자연스럽게 교체되며 장기 우상향할 가능성이 크다. 그렇기 때문에 지수 추종 ETF를 관심 있게 보아야 한다.

주식시장의 변동성을 예측하기는 불가능하다. 워런 버핏 또한 지수의 방향을 맞추지는 못한다. 그는 대신 장기 우상향과, 복리, 자신의 철학을 바탕으로 투자했기 때문에 세계 1등 투자자가 된 것이다. 그럼에도 개인들은 세계 1등의 투자 방법을 외면한 채 급등 주식이나, 테마주, 뉴스에 나오는 이슈 관련주를 매수하고 심지어 빚까지 져가며 투자를 하게 된다. 만약 이런 습관들이 굳어진다면 안전한 노후와는 멀어지게 된다.

ETF의 장점

1. 안정적이다

내가 투자하는 회사가 한순간 도태되어 사라지게 된다면 개인적으로 큰 타격을 입게 될 수 있다. 개별 주식은 상방과 하방이 열려 있어 예측하기가 더욱 어렵기에 지수의 방향성과 개별 주식의 방향성이라는 두 가지 위험 요소를 가지고 투자해야 한다. 하지만 ETF는 다양한 섹터 조합으로 이루어져 있어 개별 주식이 문제가 되어 이탈하더라도 새로운 주식이 편입되는 효과가 있으므로 안정적인 투자를 해나갈 수 있다(상장폐지될 걱정이 없다).

2. 분산 투자할 수 있다

지수 안에는 다양한 기업들이 존재한다. 수많은 기업을 일일이 분석하기란 직장인들에게 불가능에 가깝다. 반대로 분석 없이 투자하는 건 눈을 가리고 길을 걷는 것과 같다. 이러한 단점을 보완하는 방법이 ETF 투자다. ETF는 여러 종목을 한 바구니에 담아두었기 때문에 지수나 섹터가 오를 것 같다면 분할 매수를 통해 꾸준히 모아가는 단순한 전략을 취할 수 있다. 개별 주식을 일일이 분석하는 스트레스 없이 분산 투자를 할 수 있다.

3. 환금성이 좋다

ETF는 인덱스펀드를 추종해 수익을 내게끔 설계한 상품이다. ETF가 활성화되기 전, 2006년도에는 펀드 광풍이 불어 전 국민이 펀드에 투자했다. 전 세계적으로 경제가 성장하고 있었지만, 펀드 매니저가 관리하며 사고파는 형식이기 때문에 전문 지식이 없는 개인도 접근하기 쉽기 때문이었다. 하지만 펀드는 환금성이 늦다. 중간에 환매를 신청해도 장 종료 이후의 가격으로 산정이 된다. 만약 정오에 환매 신청을 한다면 장 마감인 오후 3시 30분 기준으로 환매가 이루어지고 3시 30분 이후에 진행한 환매 신청은 다음 날 영업 하루 기준 종가로 환매 신청이 이루어져 장중 시점에서 환매가 되지 않는 단점이 있다. 하지만 ETF는 주식과 펀드의 장점을 혼합해 설계한 상품이기 때문에 팔고 싶을 때 주식과 마찬가지로 바로 매도 가능하며 영업일 2일 이후 현금화가 가능하다.

4. 수수료가 저렴하다

ETF 투자는 인덱스펀드를 추종하기 때문에 투자 수수료가 저렴하다. 운용사마다 조금씩 다르지만 보통 0.1%에서 0.9% 내외로 수수료가 책정된다. 펀드는 2%에서 3% 정도의 수수료가 발생한다. 처음에는 수익률 차이가 그다지 크게 느껴지지 않겠지만 빈도와 투자 금액이 커진다면 1% 차이는 결코 적은 수수료가 아니다. 또한 환매 수수료는 발생하지 않는다.

5. 다양한 투자 전략을 구사할 수 있다

개별 주식에 투자하게 된다면 지수가 상승해야 투자 이익을 얻을 수 있다. 만약 하락장이 진행된다면 단기 투자에 능한 전문 트레이너가 아닌 이상 수익을 내기는 힘들다. 그러나 ETF 상품을 통해서는 상승장과 하락장 언제든 투자할 수 있다. 상승장에는 지수 추종 ETF에 투자하고 하락장에 돌입한다면 인버스에 투자를 할 수 있다. 달러 또한 지수와 반대로 움직이는 경향이 있기 때문에, 달러와 달러 선물 ETF에 투자할 수 있다. 그 외에도 금이나 은, 원유, 천연가스, 구리와 같은 다양한 원자재에도 투자를 할 수 있으며, 곡물이나 채권에도 투자할 수 있다. 다양한 ETF 투자는 자산의 특성에 대해 이해하고 충분한 준비가 되어 있다면 다양한 투자 전략을 구사할 수 있는 방법이다.

ETF로 포트폴리오를 다양화한다

왜 ETF를 선택했냐는 질문을 자주 받는다. 답은 간단하다. 다양한 상품에 투자할 수 있기 때문이다. 개별 주식의 경우 큰 악재(주가 폭락)가 발생한다면 손해를 본다. 지수를 이기는 주식은 없기 때문이다. 그만큼 개별 주식은 전체 시장 흐름에 편승해 움직일 수밖에 없다. 하지만 ETF의 경우 다양한 상품을 주식처럼 투자하게끔 만들어놓았기 때문에 자산의 성질을 잘 파악한다면 하락장과 상승장 양쪽에서 수익을 낼 수 있다.

여러 주식을 묶어놓은 지수 ETF에도 투자할 수 있으며 주가 하락 시 인버스 ETF에 투자해 수익을 낼 수도 있다. 경기 침체가 발생하면 원유 ETF에 투자할 수 있고 원유가 과도하게 오른다면 원유 인버스 상품에 투자해 수익을 낼 수도 있다. 원유 가격이 50달러 밑으로 형성된다면 분할 매수 이후 급등할 때 팔아도 된다. 미래 기술에 대해 확신은 있지만 어떤 종목을 선택해야 할지 고민이라면 성장 기업 포트폴리오로 구성된 ETF를 모아가도 된다. 자율주행이 지금의 전기자동차 섹터처럼 성공할 것 같지만 개별 종목을 고르기 힘들다면 자율주행 ETF를 꾸준히 모아가면서 이후에 자율주행 산업이 성장할 때 이익을 거둘 수도 있다. 환율이 저점에 도달해 있다면 여행을 준비하는 것처럼 환율 ETF에 투자해 수익을 낼 수도 있다. 달러 가격이 1,100원 밑에 도달하거나 엔 가격이 900원에 도달한다면 환율 ETF에 투자할 수 있다. 이후 달러와 엔 가격이 오른다면 팔아 이익을 얻을 수 있게 된다. 경험이 쌓였다면 레버리지를 일으켜 2배의 이익을 얻을 수 있는 상품에 투자해 수익을 극대화할 수도 있다.

다양한 상품이 존재한다는 것은 다양한 상황에서 수익을 낼 수 있는 구조를 만들 수 있다는 뜻이다. 하지만 명확한 원칙이 없다면 손실 또한 수반되기 때문에 자신만의 투자 원칙을 꼭 세워야 한다. 원칙 없는 투자는 무리한 투자로 이어지게 되어 결국 손해를 보게 된다. 그럼 이제부터는 어떤 ETF가 존재하는지 구체적으로 알아보자.

ETF 사용설명서

3

나는 이렇게
금 ETF에 투자한다

만약 패권 국가 미국이 무너져 세계 기축통화인 달러가 그 역할을 하지 못한다면 다음 패권은 누가 잡게 될까? 세계를 주름잡았던 국가도 언젠가는 쇠퇴의 길을 걷게 된다. 미국 또한 패권 국가의 지위를 내려놓게 되면, 중국이나 유럽이 다음 기축통화의 지위를 차지할 수도 있다. 하지만 이런 변화의 과정에서 분명한 것은 대공황 버금가는 큰 혼란이 전 세계를 강타하게 되리라는 것이다.

레이 달리오는 《변화하는 세계 질서》에서 지난 500년간 세계적으로 빅 사이클이 반복되었음을 말한다. 일정한 패턴으로 국가의 흥망성쇠가 발생하면서 기존의 패권 국가는 쇠퇴하고 새로운 패권 국가가 탄생하며 세계 질서는 자연스럽게 재편된다는 것이다. 이미 과거에도 스페인을 시작으로 네덜란드와 영국을 거쳐 현재는 미국이 기축통화를 이용해 패권 국가의 지위를 이어나가고 있다. 강력한 힘을 이용해 영원할 것 같았던 국가들도 어느 순간 그 힘을 잃고 말았다.

그런 흥망성쇠의 과정에서 공통점들이 발견된다. 전쟁을 통해 새로운 패권 국가가 탄생하며 기축통화의 지위를 얻게 된다. 그 지위를 바탕으로 대출을 일으켜 통화량을 증가시키고 전 세계는 풍요로운 시기를 이어가게 된다. 하지만 과도한 통화량 증가로 기축통화의 가치는 떨어지게 되고 이 과정에서 빈익빈 부익부가 극에 달하게 되면서 버블이 팽창한다. 버블이 꺼지면 다시 기축통화를 찍어내 위기를 넘어가게 된다. 2008년 미국 발 금융위기로 인한 양적 완화, 2020년 코로나19로 인한 양적 완화로 인해 미국은 달러를 무한대로 찍어냈고 그로 인한 후유증으로 인플레이션이 발생하며 세계는 엄청난 고통을 겪었다. 위기로 인해 더 강해지는 강달러 현상이 발생하는 것 같지만 실상은 점점 그 가치를 잃어가고 있다.

가치가 떨어진 기축통화는 쇠락하게 되고 결국 내부 갈등으로 인해 패권 국가는 몰락하게 된다. 이렇게 반복되는 과정을 빅 사이클이라 부른다. 역사적으로 영원한 제국은 존재하지 않았다. 달러가 몰락한다면 자산시장은 폭락하게 되고 주식, 채권, 부동산 등 살아남는 자산이 없으리라 예측된다. 하지만 대안이 없는 것은 아니다. 그중 하나는 금에 투자하는 것이다. 디지털 금인 비트코인 또한 대안 중 하나다. 탈중앙화로 한정된 자원인 비트코인은 금과 같은 역할을 할 수 있으리라 보이지만 아직 검증된 바가 없기 때문에 미래를 맡기고 투자하기란 쉬운 결정은 아니다. 현재까지는 금에 투자하는 방법이 가장 유효하다.

《부자 아빠 가난한 아빠》를 쓴 로버트 기요사키는 미국의 달러는 '가짜 종이'라고 이야기한다. 인플레이션으로 인해 달러의 가치는 휴지 조각이 될 것이라고 보았다. 만약 이러한 상황이 발생한다면 비트코인이나 금 가격이 치솟게 될 수도 있다. 그는 비트코인이 100만 달러, 금은 7만 5,000달러, 은은 6만 달러를 넘어서리라 예측했다. 하지만 그의 예측은 경제를 너무 부정적으로 보는 견해라는 지적도 있다. 적어도 조심해서 나쁠 건 없다. 투자자라면 항상 최악의 상황이 발생할 수 있다고 생각하며 시장을 바라볼 필요가 있다.

1944년 브레튼 우즈 협상으로 달러가 새로운 세계 기축통화의 지위를 얻기 전까지 금은 금본위 체제에서 화폐의 중심이었다. 역사적으로도 금은 가장 중요한 화폐였다. 달러 가치에 문제가 생긴다면 다른 대체 통화가 나오기 전까지는 금이 가장 좋은 대안일 것이다. 로버트 기요사키의 말처럼 금값은 역사상 가장 높은 몸값을 자랑할 수도 있다. 적어도 위기 상황을 고려한다면 자산의 10%에서 20%를 금에 투자해 꾸준히 모아가는 방법도 좋은 전략이다. 인플레이션 헤지 수단인 금은 꾸준히 우상향했다.

하지만 금에는 단점 또한 분명 존재한다. 보관이 번거롭고 사고팔 때의 불편함이 수반된다. 이러한 단점을 해결해주는 방법이 주식처럼 쉽게 사고팔 수 있는 금 ETF다. 그럼 금 가격을 확인해보자.

금 차트

금 가치는 꾸준히 우상향했다.

만약 달러 투자의 위험을 줄이고 싶다면 금 분할 매수 전략으로 접근해도 좋아 보인다. 세월이 지나도 금은 인플레이션과 함께 꾸준히 올랐다. 그렇다면 현재 금 ETF에 어떠한 상품이 있는지 알아보자.

금 ETF 상품 비교

기초자산	상품명	총보수	순자산총액(원)	거래량
원자재	ACE 골드 선물 레버리지(합성 H)	0.49%	83억	0.3만 주
원자재	TIGER 골드 선물(H)	0.39%	308억	1.4만 주
원자재	KODEX 골드 선물(H)	0.68%	1,626억	9.1만 주
원자재	KODEX 골드 선물 인버스(H)	0.45%	52억	0.5만 주

4

나는 이렇게
원유 ETF에 투자한다

원유가 물보다 싸다는 이야기를 들어본 적이 한 번쯤은 있을 것이다. 현재는 러시아-우크라이나 전쟁으로 인해 유가가 치솟아 인플레이션이 일어난 상황이다. 하지만 원유가 평생 고유가에 머물러 있는 것은 아니다. 원유는 다양한 대외 변수와 지정학적 변수, 최대 산유국인 사우디아라비아와 OPEC에서의 감산으로 인해 가격이 결정된다.

너무 많은 변수로 인해 원유 가격을 정확히 예측하는 것은 불가능하다. 하지만 경기침체가 진행되면 원유 소비가 급감하는 악순환이 발생하면서 원유 가격이 급락할 때가 있다. 반대로 원유가 급락한다는 건 경기침체가 진행되고 있다고 추측할 수 있다. 그리고 이때가 원유를 투자할 적기가 될 수 있다. 평소 원유 가격을 관찰하고 있다 특정한 가격대에 도달하면 분할 매수를 통해 투자하면 된다. 만약 원유가 물보다 싸다면 기회가 온 것이다.

현재 국제 유가에 가장 영향력을 끼치는 원유는 서부 텍사스유와 두바이유(브렌트유)가 있다. 원유는 1배럴당 159ℓ로 환산할 수 있다. 서부 텍사스유 가격이 1배럴당 90달러에 형성되어 있고 환율이 1,300원이라면 1배럴당 가격은 '90달러×1,300원=11만 7,000원'이다. 11만 7,000원을 159ℓ로 나눈다면 리터당 가격은 735원이 된다. 대략 생수 1리터가 500원이라고 가정한다면 아직은 원유가 더 비싸다. 그렇지만 원유 가격이 50달러에 도달한다면 리터당 가격은 어떻게 변할까? 원유는 1리터당 409원에 거래될 것이다. 이때가 바로 물보다 싸지는 경우다.

반대로 원유 가격이 130달러 이상이라면 원유 가격이 추후 하락할 것으로 예상해 원유 인버스에 투자해볼 수도 있다. 원자재 자산은 경기 사이클과 각종 변수로 인해 계속해서 올라가는 것도 아니고 끝없이 떨어지는 것도 아니다. 다만 과도하게 가격이 형성돼 버블이 생기거나 과도한 침체로 인해 가격이 크게 하락했다면 투자를 고려해볼 수 있다.

하지만 내가 설정한 가격에 도달했어도 꼭 분할 매수해야 한다는 것을 기억해야 한다. 분할 매수를 통해 돌발 변수가 생기더라도 그 시간을 버틸 수 있는 힘이 있어야, 수익을 확보할 수 있다. 이처럼 주식으로는 투자할 수 없는 부분까지 ETF로 투자할 수 있게끔 상품화해 거래할 수 있어 이제는 누구나 다양한 자산에 손쉽게 투자할 수 있게 됐다. 그럼 원유 가격의 변화를 살펴보자.

2003년 이후 원유 가격은 30달러에서 100달러 사이 박스권에서

서부 텍사스유(WTI) 차트

출처: investing.com

움직이는 것을 확인할 수 있다. 계속해서 올라가기만 하지도 않았고, 계속해서 떨어지지도 않았다. 만약 원유 투자를 고려하고 있었다면 30달러에서 50달러 사이에서 투자를 고려해볼 수 있었을 것이다. 그 외 국내에 상장된 원유 ETF에는 어떤 상품이 있는지 알아보자.

원유 ETF 상품 비교

기초자산	상품명	총보수	순자산총액(원)	거래량
원자재	KODEX WTI 원유 선물(H)	0.35%	737억	34만 주
원자재	KODEX WTI 원유 선물 인버스(H)	0.35%	327억	45만 주
원자재	TIGER 원유 선물 인버스(H)	0.69%	137억	13만 주

출처: ETF 체크, 2024년 2월 9일

5

나는 이렇게
미래 ETF에 투자한다

미래 기술을 예측해서 성공하는 기술에만 투자할 수 있다면 얼마나 좋을까? 영화 〈백 투 더 퓨처〉처럼 타임머신을 타고 미래에서 그 내용을 확인하고 오면 얼마나 좋을지 생각해보게 된다. 과거에는 미래 기술을 예측한다고 해도 투자할 방법이 없었다. 하지만 10년 전부터 이러한 문제점들을 보완해 투자해볼 수 있는 방법이 생겨났다.

예전 ETF 투자는 한정적이었다. 지수 추종 ETF, 원자재 ETF, 채권 ETF, 환율 ETF 등 전통적 ETF에만 투자할 수 있었다. 현재는 다양한 상품들을 ETF로 만들어 분야별로 투자를 할 수 있다. 판단할 수 있는 근거도 많아졌다. 유튜브나 소셜미디어, 다양한 콘텐츠를 통해서 미래의 기술 분석을 할 수 있게 되었다. 미래 기술이 어떠한 방식으로 활용될 수 있는지에 대한 관심만 있다면 얼마든지 투자할 수 있다.

기술은 한순간에 탄생하지 않는다. 시대의 패러다임을 바꾸는 기술은 10년 전부터 힌트를 우리에게 흘리고 다닌다. 지구온난화로 인해 전기자동차 기술이 핵심이 되리라는 예측은 10년 전부터 있었다. 하지만 10년 전에는 왜 전기자동차 시대가 오지 않았을까? 이는 기술의 차이로 설명할 수 있다. 10년 전에는 지금처럼 기술 발전도 이뤄지지 않았고 충전소와 같은 인프라도 부족했다. 하지만 사람들은 계속 기술을 개발하고 인프라를 확장해왔다. 테슬라와 같은 전기자동차 기업이 성공하면서 이제는 전기자동차 시대가 도래했다. 미래 기술은 0에서 갑자기 10이 되는 것이 아니라 천천히 기술 개발이 이루어지는 중이다.

미래의 기술은 현재 우리 주위에 힌트를 흘리고 다닌다. 그 힌트의 퍼즐 조각을 잘 맞춰 준비해나간다면 미래를 내 손안에 담을 수 있게 된다. 미래에는 어떤 기술들이 우리 삶을 편하게 만들어줄까? 자율주행, AR 글래스, 메타버스, 우주항공, 로봇 관련 기업들이 계속 신기술을 내놓고 있다.

그렇다면 어떤 기업에 투자해야 할까? 치열한 경쟁을 벌여 살아남은 기업이 최종 승자가 되어 엄청난 부를 독식하기 때문에 특정 기업을 고르기는 쉽지 않다. 대신 미래 산업 ETF에 투자를 해볼 수 있다. 현재 자율주행과 전기자동차 분야의 ETF 상품이 출시되어 있다. 전문가들이 포트폴리오를 짜기 때문에 성장하는 기업을 추가하며 계속 포트폴리오를 조정한다. 이 과정이 반복되다 보면 자율주행이 일반화

될 때쯤 내가 가진 ETF 수익은 높아질 것이다. 현재 KODEX 2차전지산업 ETF의 경우 바닥에서 10배가량 상승한 후 조정을 보이고 있다 (10배는 보통 '텐 버거'라고 부른다). 미래의 기술을 미리 준비해나가다 그 산업이 폭발했을 때 성과를 얻을 수 있다.

전기자동차 분야의 2차전지 산업 대 시세는 불과 2년만에 이루어졌다. 국내에는 로봇과 메타버스 상품은 상장되어 있지만 자율주행만으로 이루어진 ETF는 없다. AR 글래스도 마찬가지로 ETF 상품은 없다. 하지만 성장 분야인만큼 관련 ETF도 추후 생겨날 수 있다. 만약 관심

KODEX 2차전지산업 ETF 차트

출처: 키움증권 HTS

있는 산업군이 성장할 가능성이 보인다면 그 섹터의 ETF가 생겨났을 때 준비하면 된다. 현재 미래에 투자할 수 있는 ETF에는 어떤 상품이 있는지 알아보자.

자율주행 ETF 상품 비교

기초자산	상품명	총보수	순자산총액(원)	거래량
주식	TIGER 글로벌 자율주행 & 전기차 SOL ACTIVE	0.49%	3,313억	4.7만 주
주식	ACE 2차전지 & 자율주행 액티브	0.29%	621억	3.7만 주

출처: ETF 체크, 2024년 2월 9일

로봇 ETF 상품 비교

기초자산	상품명	총보수	순자산총액(원)	거래량
주식	KODEX 글로벌 로봇(합성)	0.3%	267억	1.1만 주
주식	KODEX K-로봇 액티브	0.5%	1,562억	30만 주

출처: ETF 체크, 2024년 2월 9일

메타버스 ETF 상품 비교

기초자산	상품명	총보수	순자산총액(원)	거래량
주식	TIGER 글로벌 메타버스 액티브	0.79%	1,556억	6.1만 주
주식	KODEX K-메타버스 액티브	0.79%	1,430억	8만 주
주식	KODEX 미국 메타버스 나스닥 액티브	0.79%	698억	5.6만 주

출처: ETF 체크, 2024년 2월 9일

6

나는 이렇게
인버스 ETF에 투자한다

만화 〈개구리 왕눈이〉의 주인공 청개구리는 언제나 반대로 행동하고 사고한다. 주식에서도 이처럼 남들과 반대로 생각해 투자하는 이들이 늘고 있다. 바로 인버스 ETF 투자 얘기다. 인버스는 정반대라는 뜻이다. 주식의 추종 원리는 상승에 맞춰 이루어져 있지만 이를 오히려 반대로 생각해 주식이 떨어질 때 수익이 나는 구조를 만들어 거래하게끔 상품화한 투자 방식이 인버스 투자다. 하락장으로 돌변했을 때 인버스에 투자한다면 수익이 발생하게 된다.

주식시장은 상승과 하락을 늘 반복하며 움직인다. 하지만 그 상승과 하락폭을 정확히 맞추는 것은 불가능하다. 하지만 시장에 과도하게 버블이 발생했다면 이야기는 달라질 수 있다. 앞에서 언급했듯 주식시장에도 봄, 여름, 가을, 겨울이 존재한다. 만약 버블이 꺼지는 시기에 주식을 들고 있다면 끔찍한 결과를 맞이할 수밖에 없다. 하지만 현명한 투자자라면 버블이 발생했을 때 주식을 팔고 청개구리처럼 인버스에 투자한다면 남들이 울고 있을 때 나는 웃으면서 수익을 거둘 수 있다. 추후 주식이 하락할 때 인버스로 번 수익을 다시 싸게 매집한다면 자산이 걷잡을 수 없이 불어날 수 있다. 하지만 사람의 욕망으로 인해 욕심을 절제하며 투자하기란 쉬운 일이 아니다. 하지만 이

코로나19 이후 KODEX 200 ETF 차트

출처: 키움증권 HTS

러한 욕망을 절제하며 다양한 인버스 상품에 투자해 이익을 거두는 투자자도 있다.

2차전지 관련주 역시 버블이 발생하자 인버스 상품이 등장했다. 에코프로의 주가수익비율이 99배, 에코프로비엠의 주가수익비율은 186배까지 치솟았다. 삼성전자의 주가수익비율이 12배라는 걸 고려하면 당시 이 기업에 얼마나 버블이 끼었는지 알 수 있다. 예전에는 개별 종목 분야에서는 인버스 상품이 생기지 않았지만 갈수록 다양한 ETF 상품을 구성하며 개별 종목 분야의 인버스 상품이 만들어졌다. 이처럼 다양한 방법의 투자 수단이 생겨났지만, 잘 공부하고 투자하지 않으면 큰 손실을 볼 위험이 있다.

자산 시장은 꾸준히 우상향하는 경향이 있다. 만약 인버스에 투자했는데 오히려 자산이 상승하게 돼서 손절매하지 못한다면 큰 손실이 발생할 수도 있다. 코로나19 때 셧다운으로 인해 일시적으로 주식은 폭락했다. 그리고 이후 미국의 양적 완화로 인해 빠르게 버블이 발생하게 된다. 만약 코로나19가 장기간 이어지리라 판단했다면 어떤 결과가 발생했을까? 주식은 예상과 반대로 강하게 상승하면서 오히려 큰 손실을 보았을 것이다. 이렇듯 인버스 상품은 칼날의 양면과 같으므로 조심해서 투자해야 하며 확고한 원칙과 매매 기법이 없다면 위험할 수 있다.

코로나19 당시 인버스에 투자했다면 끔찍한 결과가 발생했을 수 있다. 반면 코로나19 때 인버스에 투자해 빨리 처분하고 이후 저점에 다시 주식을 샀다면 큰 수익을 얻을 수도 있었다. 성공과 실패의 결과는 찰나에 갈린다. 만약 청개구리 투자자가 되고 싶다면 자산의 일부분만 인버스에 투자하거나 자신이 투자하고자 하는 기준에 도달했을 때 분할 매수 및 분할 매도로 신중하게 접근해야 한다.

인버스 ETF 상품 비교

기초자산	상품명	총보수	순자산총액(원)	거래량
주식	KODEX 인버스	0.64%	6,271억	1,355만 주
주식	KODEX 코스닥 150 선물 인버스	0.64%	3,639억	4,589만 주
통화	KODEX 미국 달러 선물 인버스	0.45%	369억	4.9만 주
원자재	KODEX 골드 선물 인버스(H)	0.45%	52억	0.5만 주
원자재	KODEX WTI 원유 선물 인버스(H)	0.35%	327억	45만 주
주식	KBSTAR 2차전지 TOP10 인버스	0.49%	1,272억	197만 주

출처: ETF 체크, 2024년 2월 9일

7

나는 이렇게
레버리지 ETF에 투자한다

롭 무어는《레버리지》라는 도서에서 레버리지에 관련한 질문으로 책을 시작한다. 부동산 레버리지를 이용해 월세를 받는다면 월세를 받는 쪽은 레버리지를 이용해 현금 흐름을 창출하는 파이프라인이 만들어지지만 반대로 월세를 주게 된다면 레버리지를 당하게 된다. 현금 흐름이 한쪽으로 흘러가게 되는 이치다. 한쪽은 철저하게 레버리지를 당하고 다른 쪽은 레버리지를 이용해 부를 일궈나간다. 만약 부동산 자산마저 상승한다면 부의 격차는 더 벌어질 것이다.

레버리지란 지렛대를 뜻한다. 지렛대는 무거운 물건을 작은 힘으로도 쉽게 들어올리는 도구다. 자신의 힘으로 들기 어려운 무게지만 도구를 이용해 손쉽게 들어올리게 되면 효율을 극대화할 수 있다.

주식시장의 레버리지를 이용하면 추가 자금을 빌려 보유 자금보다

ETF 사용설명서

큰 수익을 노릴 수 있다. 만약 1,000만 원의 자산이 있는데 두 배로 빌려 투자한다면 레버리지를 일으켜 2,000만 원의 자산을 가지고 투자하게 된다. 1,000만 원에서 수익이 50% 발생했다면 순이익은 500만 원이 발생하지만 레버리지를 일으켜 2,000만 원의 원금으로 50% 수익이 발생했다면 1,000만 원의 수익이 발생하게 된다. 2배의 수익을 얻은 것이다.

하지만 레버리지는 부작용도 크다. 레버리지를 잘못 일으키면 수익이 2배가 된 것처럼 손실도 2배가 된다. 내가 투자한 자산이 50% 손실을 입을 경우 순자산을 모두 잃을 수 있다. 이는 부동산 또한 마찬가지다. 부동산을 고점에서 레버리지를 일으켜 매입했는데 이후 부동산이 폭락하게 된다면 깡통 주택, 깡통 전세가 발생하게 된다. 그만큼 수익도 화끈하지만, 손실도 화끈하게 난다.

레버리지를 이용하려면 실력과 경험이 뒷받침되어야 한다. 초보자가 시장 분위기에 휩쓸리거나 욕심을 주체하지 못하고 고점에서 레버리지를 일으킨다면 돌이킬 수 없는 상황이 발생할 수 있다. 칼을 잘 사용한다면 삶에 도움을 주는 도구겠지만, 사람에게 사용한다면 끔찍한 결과로 발현된다. 경험 삼아 투자하고 싶다면 소액으로 투자하길 권한다.

미국에서는 현재 3배 추종 상품까지도 투자할 수 있다. 대표적으로 변동성이 심한 나스닥 지수 추종 상품도 있다. 지수 상승 시 3배가 상승하게 되는 TQQQ 상품과 인버스처럼 지수 하락 시 3배 수익이 나는 SQQQ 상품도 있다. 레버리지, 곱버스 상품(2배 추종) 상품 또한 고위험 상품이지만, 3배 추종 ETF는 100% 손실을 볼 수 있는 상품이다. 만약 3배 추종 ETF 상품인 TQQQ를 매입했는데 지수가 폭락해 33% 하락한다면 내 자산은 0%에 근접하게 된다. 레버리지를 극대화했기 때문에 발생할 수 있는 일이다.

하지만 이러한 계산을 하지 않고 투자하는 투자자가 너무 많다. 빨리 돈을 벌고 싶은 마음에 급하게 매수하다 돌이킬 수 없는 상황이 발생할 수 있다는 것을 늘 명심해야 한다. 그래서 절대 3배짜리 ETF는 권유하지 않는다.

나스닥 대표 3배 추종 ETF(TQQQ) 차트

출처: 키움증권 HTS

ETF 사용설명서

레버리지를 잘 활용해 투자한다면 빠르게 성공하는 투자자가 될 수 있다. 하지만 레버리지를 잘못 사용한다면 반대의 결과도 도출될 수 있다는 걸 명심해야 한다. 그렇기 때문에 충분한 경험과 노력으로 인해 실력이 향상되어 레버리지를 일으킬 수 있는 실력이 되었을 때 사용해야 한다. 현재 어떠한 레버리지(2배 추종) 상품이 있는지 확인해보자.

레버리지 ETF 상품 비교

기초자산	상품명	총보수	순자산총액(원)	거래량
주식	KODEX 레버리지	0.64%	24,000억	1,765만 주
주식	KODEX 코스닥 150 레버리지	0.64%	11,706억	2,593만 주
통화	KODEX 미국 달러 선물 레버리지	0.45%	314억	7.1만 주
주식	KODEX 2차전지산업 레버리지	0.49%	1,580억	332만 주

출처: ETF 체크, 2024년 2월 9일

인버스 2X ETF 상품 비교

기초자산	상품명	총보수	순자산총액(원)	거래량
주식	KODEX 200 선물 인버스 2X	0.64%	13,216억	1,171만 주
통화	KODEX 미국 달러 선물 인버스 2X	0.45%	850억	53만 주

출처: ETF 체크, 2024년 2월 9일

8

나는 이렇게
환율 ETF에 투자한다

여행을 준비하는 것처럼 환율에도 투자해보는 것은 어떨까? 여행 자체도 즐겁지만, 여행을 가기 전 준비하는 과정도 설레기 마련이다. 여행 날 아침에는 누가 깨우지 않아도 눈이 번쩍 떠지는 경험을 해본 적이 있을 것이다. 환율 투자도 여행을 준비하는 과정으로 생각한다 면 설렘이 가득하지 않을까? 만약 환율마저 저점에 도달해 있다면 미 리 투자해 여행을 갈 때 꺼내 쓸 수도 있다. 투자 효과도 있고 여행도 저렴하게 갈 수 있는 일거양득 투자법이 환율 ETF 투자다.

2023년 엔은 준 기축통화로서 역사적 저점에 도달했다. 그러자 엔 저 현상으로 인해 일본 여행 수요가 증가했다. 제주도보다 일본이 더 저렴해진 것이다. 일본은 10년째 디플레이션 경제다 보니 물가가 오 르지 않고 엔저에 갇혀 있다. 현재는 달러와 엔은 탈동조화되어 움직인다. 따라서 이익을 얻을 뿐더러 일본 여행을 준비할 때도 이득이라는 계산이다. 꽤 재미있게 투자할 수 있는 방식이다.

과거 엔 차트를 살펴보면 상단과 하단이 예측 가능한 범위에서 주기적으로 오르내리는 현상이 반복되어왔다. 달러도 마찬가지다. 평소 환율 공부가 되어 있다면 기회가 왔을 때 여행을 준비하는 마음으로 저가에 투자하는 것도 좋은 방법이 될 수 있다. 환율 ETF는 손쉽게 사고팔아 현금화할 수 있다는 장점이 있다.

1997년, 대한민국에 IMF 외환위기가 발생하며 수입품 대금을 지급할 달러가 부족하게 된다. 공급이 부족하자 달러 가격은 800원에서 2,000원까지 치솟았다. 영화 〈국가부도의 날〉에서는 달러를 800원에 매입해 IMF가 터지자 비싼 가격에 파는 장면이 나온다. 이후 영화 속

과거 엔/원 환율 차트

출처: investing.com

주인공은 달러를 고가에 팔고 부동산을 저가에 매입해 엄청난 부자가 된다. 이렇듯 위기가 발생할 때마다 달러의 몸값은 천정부지로 치솟는다. 달러는 이처럼 세계 기축통화로서 공고히 자신의 지위를 이어 나간다. 그 가운데 경제 위기는 주기적으로 발생하고 달러는 상승과 하강을 반복하며 투자 수단으로서 가치를 지닌다.

달러와 엔은 기축통화와 준 기축통화이자, 대표적 안전 자산으로 여겨져 왔다. 이는 신용이 확실하며 위기가 왔을 때도 신뢰가 높다는 뜻이다. 과거 세계적 위기가 발생했을 때 달러와 엔은 같은 움직임을 보여왔다. 또한, 미국 발 금융위기가 발생했을 때도 오히려 달러와 엔의 가치는 치솟았다. 이후 미국 발 금리 인상 시기 달러는 1,400원을 넘어섰지만 엔은 2012년 이후 엔저 현상을 겪게 된다. 평소 환율에 관

과거 달러/원 환율 차트

출처: investing.com

ETF 사용설명서

심을 두고 있다가 원하는 가격에 도달했다면 분할 매수로 대응해보자.

    왼쪽 차트를 확인해보면 환율 하단 표시가 되어 있다. 환율이 하단 근처에 도달했을 때 분할 매수에 대응한다면 추후 환율이 급등했을 때 수익을 노려볼 만하다. 다만 환율은 빠르게 움직이는 상품이 아니고, 위기가 왔을 때 급등하게 되는 구조다. 만약 환율에 투자하고 싶다면 평소 여행을 준비하는 마음으로 느긋하게 투자를 할 필요가 있다. 달러와 엔에 관련한 ETF 상품에는 어떤 것들이 있는지 알아보자.

달러 ETF 상품 비교

기초자산	상품명	총보수	순자산총액(원)	거래량
통화	KODEX 미국 달러 선물	0.25%	595억	5.9만 주
통화	KODEX 미국 달러 선물 레버리지	0.45%	314억	7.2만 주
통화	KODEX 미국 달러 선물 인버스	0.45%	369억	4.9만 주
통화	KODEX 미국 달러 선물 인버스 2X	0.45%	850억	53만 주

출처: ETF 체크, 2024년 2월 9일

엔 ETF 상품 비교

기초자산	상품명	총보수	순자산총액(원)	거래량
통화	TIGER 일본 엔 선물	0.25%	1,328억	33만 주

출처: ETF 체크, 2024년 2월 9일

9

나는 이렇게
부동산 ETF에 투자한다

대한민국에서는 아파트 매매를 이용한 부동산 투자가 인기 높다. 하지만 서울 아파트의 평균 가격은 10억 원에 근접해 있고 건물은 직장인의 월급만으로는 사기 힘들다. 그렇다고 해서 꿈을 포기할 필요가 있을까? 주식과 부동산은 올라가는 속도만 다르지 자산이 우상향한다는 성향은 동일하다. 주식은 그 주기가 빠르지만, 부동산은 올라가는 속도가 느리다. 대신 투자하는 금액은 부동산이 더 크기 때문에 한 번 상승하더라도 자산증식 효과가 더 크게 느껴진다.

이제 월급을 모아서는 부동산 가격을 따라갈 수 없는 시대가 도래했다. 어느 정도 의미 있는 수준의 현금을 모았어도 부동산 가격은 더 크게 오른다. 부동산은 적은 시드머니로는 거래할 수 없고 사고팔기가 불편하다. 부동산이 오르더라도 타이밍을 놓친다면 오른 자산은 다시 내려가기 때문에 분할 매수나 분할 매도 전략을 쓸 수 없다. 정확한 타이밍이 아니면 부동산 투자에 성공하기 힘들다. 이러한 단점을 보완한 투자 수단이 부동산 ETF 투자다. 목돈이 모이기까지 공백이 있다면 부동산 ETF에 투자해볼 수 있다. 게다가 배당금까지 준다.

부동산 투자가 최종 목적지라면 부동산 투자와 배당금 투자를 통해 일거양득의 효과를 노려보자. 적은 금액으로도 부동산 ETF에 투자해 자산증식 효과와 배당금 재투자를 통해 최종 목표까지 가는 과정으로 이용할 수 있다. 만약 부동산 현물 투자보다 부동산 ETF가 자신에게 더 적합하다면 선택지 역시 다양해지는 셈이다.

부동산 ETF는 커피 한 잔 가격으로 부동산 일부를 소유할 수 있다는 장점이 있다. 사회 초년생이나 목돈이 없는 직장인들도 가볍게 접근할 수 있다. 또한 주식처럼 매수와 매도 타이밍이 자유롭기 때문에 각자가 원하는 투자 타이밍을 설정해서 매수 및 매도를 할 수 있다. 거기에 더해 배당금까지 나오게 된다면 일석이조의 효과를 볼 수 있다.

부동산 현물과 ETF의 상승과 하락 패턴은 비슷하게 흘러간다. 부동산 현물이 오르면 부동산 전체가 오르고 이때는 부동산 ETF 주가도 상승하게 된다. 하지만 부동산 현물이 하락한다면 부동산 ETF 주가도 하락한다. 그렇지만 부동산 ETF의 경우 배당금이 들어오기 때문에 자산 하락에 대한 헤지 기능(자산 손실 방어)이 있다.

6억 원짜리 부동산을 3억 원을 빚을 내어 매매했지만, 하락장에 들어선다면 빚 3억 원에 대한 이자와 원리금뿐 아니라 자산 하락까지 겪어야 한다. 하지만 부동산 ETF를 매수했다면 자산 하락은 있지만, 배당금이 발생하기 때문에 하락장에서 배당금 재투자로 평균 단가를 낮출 수 있고 주식 수가 늘어나 오히려 배당금이 시간이 갈수록 늘어나는 효과를 누릴 수 있다. 게다가 배당금은 꾸준히 지급되기 때문에 오히려 이득을 볼 수 있다. 그렇다면 대표적 부동산 ETF인 TIGER 리츠 부동산 인프라의 가격을 확인해보자(리츠에 대한 더 자세한 설명은 232페이지에서 확인할 수 있다). 차트에서 확인할 수 있듯 부동산 상승기와 하락기가 일치한다. 코로나19로 인한 유동성 공급과 저금리 정책으로

TIGER 리츠 부동산 인프라 ETF 차트

출처: 키움증권 HTS

ETF 사용설명서

전 세계적으로 부동산 가격이 폭등했고 국내 부동산도 폭등했다. 이후 인플레이션으로 인한 금리 인상으로 부동산 가격도 조정에 들어갔지만, TIGER 리츠 부동산 인프라의 경우 5%가량의 배당금이 매년 지급되기 때문에 자산 하락에 대한 방어 효과를 볼 수 있다. 하락기만 잘 버틴다면 상승기에는 자산 상승과 배당금까지 나오게 된다. 그럼 대표적 부동산 ETF에 대해 알아보자.

부동산 ETF 상품 비교

기초자산	상품명	총보수	순자산총액(원)	거래량	배당금
주식	TIGER 리츠 부동산 인프라	0.29%	3,539억	52만 주	7%
주식	TIGER 미국 MSCI 리츠(합성 H)	0.24%	1,149억	3.3만 주	4.6%

출처: ETF 체크, 2024년 2월 9일

10

나는 이렇게
월 배당 ETF에 투자한다

요새 직장인들 사이에 파이프라인이라는 단어가 자주 등장한다. 파이프라인을 연결하면 여러 상수도 라인을 통해 물길을 다양하게 터줄 수 있다. 월급 또한 마찬가지다. 주요 소득이 월급에만 국한되어 있다면 돈이 들어오는 구조가 하나의 파이프라인에 편중되게 된다. 미래를 설계하는 데 하나의 파이프라인에 절대적으로 의존할 수밖에 없다. 만약 돈이 들어오는 구조가 여러 군데라 소득 파이프라인이 다양하다면 어떨까? 상상만 해도 행복하지 않을까? 아이들 교육도 여유롭게 시킬 수 있고, 가족 외식이라도 한 번 더 할 수 있지 않을까?

여러 경제 서적에서 다양한 현금 파이프라인을 만들라고 추천한다. 하나의 파이프라인보다 두 개가, 더 나아가 세 개 이상이 된다면 더할나위 없다. 거기에 더해 매달 월급처럼 들어오는 파이프라인 구조가 있다면 어떨까? 월급이 400만 원인 사람이 월 배당 ETF에 5년 동안 꾸준히 매입해 5년 뒤에 월 100만 원이 더 들어오게 된다면 할 수 있는 것이 더 많아지게 된다. 매달 들어오는 배당금으로는 미래를 위해 성장 가능성 있는 주식에 과감하게 재투자할 수도 있다. 교육비나 여행비로 사용할 수도 있다.

재테크에 성공한 수많은 사람은 다양한 현금 파이프라인을 가지고 있다. 파이프라인 설계에도 단계가 있다. 우선 개인이 쉽게 접할 수 있으며 소액으로 접근할 수 있는 월 배당 ETF는 어떨까? 해외에서 이미 월 배당 ETF 인기는 매우 뜨겁다. 연 10%의 배당금 상품까지도 존재한다. 해외 월 배당 ETF에 인기에 발맞춰 국내에도 해외 지수를 추종하는 월 배당 ETF도 상장되어 있으므로 주식처럼 매매할 수 있는 폭이 넓어졌다.

월 배당 ETF야말로 제2의 월급을 만드는 제2의 인생 파이프라인이라고 생각한다. 작은 성공이 큰 성공을 만들 수 있다. 처음에는 투자금이 적은 만큼 배당금도 적겠지만, 투자하다 보면 사고의 전환이 이루어질 수도 있다. 자신감이 붙는다면 시드머니를 조금 더 키워나갈 수도 있다.

나는 ETF 투자에서도 월 배당 ETF 투자를 선호해 자주 추천하지만 회사 동료에게 이런 방법의 투자도 있다고 이야기하면 머뭇거린다. 처음부터 투자는 큰돈으로 한다고 생각하기 때문이다. 하지만 반대다. ETF 투자는 적은 돈으로 시작해서 큰돈을 만드는 복리의 마법이다.

꿈은 시작하고 행동했을 때 현실로 이루어진다. 그럼 월 배당 ETF 상품을 비교해보자.

월 배당 ETF 상품 비교

기초자산	상품명	총보수	순자산총액(원)	거래량	배당률
주식	TIGER 미국 나스닥 커버드 콜(합성)	0.37%	2,575억	46만 주	11.5%
주식	TIGER 미국 배당 + 7% 프리미엄 다우존스	0.39%	3,350억	61만 주	6.1%
주식	TIGER 미국 배당 + 3% 프리미엄 다우존스	0.39%	432억	7.3만 주	3.7%
주식	KODEX 미국 배당 프리미엄 액티브	0.19%	381억	53만 주	6%

출처: ETF 체크, 2024년 2월 9일

ETF 사용설명서

11

나는 이렇게 게임 ETF에 투자한다

게임은 남녀노소 누구나 즐길 수 있는 콘텐츠다. 또한 장소와 시간에 구애받지 않고 즐길 수 있다. 세계적인 인기를 얻는 K-콘텐츠 중에도 게임이 있고, 세계적인 프로게이머인 페이커를 배출한 나라이기도 하다. 페이커는 〈유퀴즈〉에 출연했을 당시 "PC방을 이용한 조기교육이 잘되어 있는 나라기에 게임이 발달하지 않았겠느냐"며 재치 있는 답변을 했다. 그만큼 인터넷을 이용하기 편한 환경과 시스템 속에서 게임 산업이 성장하고 있다.

2023년 e-스포츠가 아시안게임에 처음 채택되어 세계적으로 관심을 끌었고 한국 e-스포츠의 위상도 높아졌다. 대한민국 게임 산업은 대중적으로 인기가 높기에 수많은 인기 게임들을 만들어내고 재생산해내며 세계가 소비하는 산업으로 성장했다.

게임 산업은 두 번 정도 패러다임이 바뀌어왔다. 첫 번째는 스마트폰 도입이다. 그전까지 게임 산업은 PC 게임이나 닌텐도와 같은 콘솔 산업으로 양분되어 있었다. 스마트폰 이후에는 누구나 장소에 구애를 받지 않고 게임을 즐길 수 있는 시대로 자연스럽게 바뀌었다. 게다가 간편결제를 통해 게임의 수익성이 높아지자 게임 산업은 모바일로 대이동이 이루어지게 된다. 과거 주가가 부진했던 컴투스와 같은 모마일형 게임 회사들이 급성장하게 되고 반면 PC방 유료 결제로 이루어지던 엔씨소프트의 주가는 내림세로 바뀌게 된다. 그만큼 스마트폰의 등장은 게임 산업의 패러다임을 바꿔놓았다고 해도 과언이 아니다.

두 번째 패러다임은 코로나19로 인한 비대면 세상이다. 사람들이 집에서 즐길 수 있는 비대면 게임 산업은 코로나19 시기 폭발적으로

KODEX 게임 산업 구성 종목

구성 종목	주식 수	비중(%)
크래프톤	1,019	27.67
엔씨소프트	504	18.97
펄어비스	1,581	10.70
넷마블	1,339	8.94
위메이드	917	7.54
카카오게임즈	1,781	6.82
더블유게임즈	448	3.02
컴투스	407	2.81

ETF 사용설명서

성장했다. 비대면 게임 분야의 콘텐츠 제작도 활발히 이루어지면서 주가 역시 역사적으로 가장 높은 수익률을 보이게 된다. 하지만 코로나19 위기가 끝나면서 게임 산업 또한 거품이 꺼진 상태를 유지하고 있다.

동트기 전이 가장 어둡다고 한다. 현재는 게임 산업이 하락기를 겪고 있지만, 대한민국의 게임 역량과 기술력으로 보았을 때 성장 가능성 또한 열려 있다. 중국의 게임 산업 역시 급격하게 성장하고 있어 한국 게임 산업의 규제 완화 가능성도 커지고 있다. 더불어 사우디아라

KODEX 게임 산업 ETF 차트

출처: 키움증권 HTS

비아의 오일 머니를 앞세운 중동의 게임 산업 또한 커질 것으로 기대가 되고 있다. 만약 게임을 좋아한다면 자신이 좋아하는 게임 ETF에 즐기면서 투자를 할 수 있지 않을까? 그럼 어떤 게임 ETF가 있는지 알아보자.

게임 ETF 상품 비교

기초자산	상품명	총보수	순자산총액(원)	거래량
주식	KODEX 게임 산업	0.45%	201억	13만 주
주식	KBSTAR 게임 테마	0.30%	986억	22만 주
주식	TIGER K 게임	0.40%	126억	2.1만

출처: ETF 체크, 2024년 2월 9일

12

나는 이렇게 국내 상장 해외 ETF에 투자한다

나는 현재 국내에 상장된 해외 ETF에도 투자하고 있다. 이는 한 손에 커피를 들고도 할 수 있을 정도로 쉽고, 낮에도 잠깐 짬을 내어 투자할 수 있는 ETF다.

해외 ETF에 투자할 때에는 시차를 고려해야 한다. 미국 증시는 서머타임이 적용될 경우 밤 10시 30분부터 오전 5시까지, 서머타임이 적용되지 않을 경우에는 밤 11시 30분부터 오전 6시까지 거래할 수 있다. 즉, 우리의 수면 패턴과 완전히 반대로 움직인다. 일정 금액을 꾸준히 장기 투자한다면 상관없지만 전문 투자자가 아니라면 새벽에 미국 증시를 확인하기란 여간 힘든 일이 아니다. 만약 미국 증시에 돌발 변수라도 발생한다면 대응도 못 한 채 손실이 발생할 수도 있다. 이처럼 미국 증시에 직접 투자하기 힘든 투자자들의 요구를 반영해 국내 증권사에서 해외 ETF를 국내에 그대로 옮겨와 상장했다.

한국거래소에 따르면 ETF 시장은 2020년의 52조 원에서 2023년 말 103조 원으로 자금이 대거 유입되고 있다고 발표했다. ETF의 인기에 편승해 국내 상장 해외 ETF에도 자금 유입이 꾸준히 증가하고 있다. 미국 ETF 시장은 전 세계의 75%를 차지하고 있고 한 해 유입 자금만 1,000조 원에 가깝다. 그만큼 미국 시장은 증시가 생겨난 이후로 우상향한다는 믿음이 있으므로 연기금을 비롯한 전 세계의 자금이 미국 증시에 몰려들고 있다. 미국 ETF에 직접 투자하는 국내 투자자 비중도 점점 늘고 있어 이에 발맞춰 한국 증시와 같은 시간에 사고팔 수 있는 해외 ETF 상품이 늘어나는 추세다. 이제는 커피 한 잔 마시며 해외 ETF에 마음 편하게 투자할 수 있어 기분이 좋다.

하지만 국내에 상장된 해외 ETF 투자에도 장단점이 분명히 존재한다. 다음 네 가지 조건에서 차이점이 있어 자신의 자산 규모나 투자 성향에 맞춰 국내에 상장된 해외 ETF에 투자할 것인지 아니면 해외 ETF에 직접 투자할 것인지 선택해야 한다.

투자 시 고려 사항

첫째, 환율을 고려해야 한다. 국내 상장 해외 ETF의 경우에는 환 헤지(H) 상품이 존재한다. 환 헤지 상품에 투자한다면 환율에 크게 신경 쓰지 않아도 된다. 하지만 미국의 경우 따로 환 헤지 상품이 존재하지 않는다. 달러로 바꿔 미국 ETF에 투자해야 한다. 이 경우 수수료가 발생하며, 미국 증시가 상승장으로 돌입한다면 환율은 오히려 안정되어 하락할 수 있다. 이 경우 내가 보유한 ETF 가격이 올라간다 해도 환율 손실을 볼 가능성이 있다. 국내에 상장된 해외 ETF도 마찬가지다. 환 헤지 상품(H)이라는 표시가 없다면 자산이 상승해도 환율 손실이 발생할 수 있다. 만약 이러한 부분이 불안하다면 환 헤지(H) 상품을 고려하면 된다.

둘째, 미국에는 손익과세가 존재한다. 하지만 국내에 상장된 해외 ETF에는 손익과세가 적용되지 않는 단점이 있다. 미국에 상장된 ETF의 경우 250만 원 수익까지 세금 면제가 된다. 즉, 250만 원의 수익을 초과할 경우에만 22%의 양도소득세를 낸다. 미국의 경우 한 가지 추

ETF 상품 비교

• SOL 미국 배당 다우존스는 미국 SCHD와 같은 상품이며 환 헤지 상품이 아니다.
• SOL 미국 배당 다우존스(H)는 미국 SCHD와 같은 상품이며 환 헤지 상품이다.
• 과거 주가가 상승하면 달러는 하락하는 경향을 보였다.
• 국내에 상장된 해외 ETF의 경우 환 헤지 상품을 고려해보자.
• 미국에 상장된 ETF에 투자할 경우에는 환율이 낮을 때 미리 투자 준비를 해보자.

가 장점이 있다. 만약 250만 원 이상의 초과 이익을 얻었다고 가정해보자. 만약 1월에 500만 원이라는 수익을 확정했다면 22%의 세금을 내야 한다. 그런데 같은 해 5월에 해외 ETF에 투자했던 상품이 270만 원의 손실이 확정되어 매도를 진행했다. 그렇다면 첫 번째 얻은 수익인 250만 원에서 두 번째 손실을 입은 270만 원을 빼면 총 수익은 -20만 원으로 집계되어 세금을 내지 않는다.

하지만 국내에 상장된 해외 ETF의 경우 500만 원의 수익이 발생했다면 기타 ETF로 분류되어 15%의 세금이 발생한다. 게다가 두 번째 투자에서 270만 원의 손실이 발생해도 손실에 대한 차감을 인정해주지 않는다. 즉, 500만 원에 대한 세금 15%를 내야 한다. 장기 투자자라면 크게 상관없겠지만 자주 사고파는 투자자라면 미국에 직접 투자하는 방법이 나을 수도 있다.

셋째, 2,000만 원 이상의 수익이 발생할 경우 종합과세를 고려해야한다. 따라서 자금 규모가 크다면 미국에 직접 투자하는 방식이 유리할 수도 있다. 1년에 1억 원 이상의 수익이 발생한다면 미국 ETF에 투자한 뒤 22%의 세금을 내는 편이 나을 수도 있다. 만약 국내에 상장된 해외 ETF 투자 시 자금 규모가 커 1억 원의 수익이 발생했고, 현재 직장을 다니며 연봉 8,000만 원을 받고 있다고 가정해보자. 그럴 경우 수익과 연봉을 더한 금액 구간에 해당하는 종합과세를 내게 된다.

국내에 상장된 해외 ETF의 경우는 기타 ETF로 분류되기 때문에 2,000만 원 이상의 수익을 낼 경우 종합과세 대상이 된다. 따라서 종잣

종합과세 표준 기준표

과세 표준	세율(%)	누진 공제(만 원)
1,400만 원 이하	6	0
1,400만 원 초과 ~ 5,000만 원 이하	15	108
5,000만 원 초과 ~ 8,800만 원 이하	24	522
8,800만 원 초과 ~ 1억 5,000만 원 이하	35	1,490
1억 5,000만 원 초과 ~ 3억 원 이하	38	1,940
3억 원 초과 ~ 5억 원 이하	40	2,540
5억 원 초과	42	3,540

돈이 작다면 국내에 상장된 해외 ETF에 투자하는 것을 추천한다. 시드머니가 커지고 투자 실력이 향상되어 연간 수익이 2,000만 원 이상 발생하리라 예상되면 미국 ETF에 직접 투자하는 것을 추천한다.

넷째, 수수료가 비싸다. 국내에 상장된 해외 ETF의 경우 국내 증권회사가 운용하므로 해외에 직접 투자하는 것보다 수수료가 높을 수 있다. 대표적으로 해외 ETF 중 가장 사랑받는 SCHD의 경우 미국에 직접 투자할 때는 0.06%의 수수료가 발생한다. 그러나 SCHD와 같은 SOL 미국 배당 다우존스 ETF의 경우 수수료가 0.22%로, 3배 이상 차이가 난다. 자주 사고파는 투자자가 아니라면 국내에 상장된 해외 ETF 투자도 고려해볼 수 있지만 자주 매매한다면 작은 수수료의 차이도 복리처럼 작용할 수 있다. 대표적으로 국내에 상장된 해외 ETF는 다음과 같다.

국내 상장 해외 ETF - 다우존스 추종 ETF 비교

구분	상품	순자산총액(원)	총보수	거래량	배당률
다우존스	SOL 미국 배당 다우존스	4,446억	0.22%	38만 주	3.43%
	SOL 미국 배당 다우존스(H)	1,417억	0.29%	21만 주	3.03%
	TIGER 미국 배당 다우존스	5,769억	0.12%	63만 주	2.38%
	ACE 미국 배당 다우존스	3,434억	0.20%	20만 주	3.83%

출처: ETF 체크, 2024년 3월 9일

국내 상장 해외 ETF - S&P 500 추종 ETF 비교

구분	상품	순자산총액(원)	총보수	거래량	배당률
S&P500	SOL 미국 S&P 500	708억	0.18%	2.9만 주	1.15%
	KODEX 미국 S&P 500(H)	2,087억	0.44%	9.8만 주	1.29%
	TIGER 미국 S&P 500	27,460억	0.17%	119만 주	1.36%
	ACE 미국 S&P 500	8,438억	0.16%	24만 주	1.34%

출처: ETF 체크, 2024년 3월 9일

국내 상장 해외 ETF - 나스닥 추종 ETF 비교

구분	상품	순자산총액(원)	총보수	거래량	배당률
나스닥	KBSTAR 미국 나스닥 100	3,944억	0.16%	15만 주	0.55%
	KODEX 미국 나스닥 100(H)	1,589억	0.38%	13만 주	0.66%
	TIGER 미국 나스닥 100	29,463억	0.22%	15만 주	0.54%
	ACE 미국 나스닥 100	6,890억	0.19%	19만 주	0.49%

출처: ETF 체크, 2024년 3월 9일

ETF 사용설명서

13

나는 이렇게
고배당 ETF에 투자한다

　최근 상가 투자에 집중했던 투자자들이 고배당 ETF 투자에 대해 물어보는 경우가 많아졌다. 금리가 치솟자 상가를 매도하고 고배당 ETF 투자에 관심을 보인 것이다. 고배당 ETF와 상가 투자를 비교해 보자. 상가를 보유하고 있다면 신경 써야 할 일이 한둘이 아니다. 각종 세금부터 상가에 발생하는 수리 문제 등도 골칫거리다. 어떤 건물주는 온종일 전화 받는 게 주 업무라고까지 이야기한다. 만약 상가가 여러 채라면 상가 관리인처럼 온종일 활동해야 할 수도 있다. 그렇다고 상가 관리인을 고용한다면 수익은 적어질 수밖에 없다.

　상가 투자나 고배당 ETF 모두 자신이 신경 쓰지 않아도 자동으로 돈이 들어오는 자동 수입을 꿈꾸게 한다. 그러나 막상 상가는 자동 수익이 나는 투자 형태가 아니다. 그러나 고배당 ETF에 투자한다면 자동 수익을 꿈꿀 수 있다. 내 돈이 자동으로 나를 위해 일하기에 꼬박꼬박 배당금이 들어온다. 고배당 ETF에 속한 수많은 은행이 돈을 벌어다 준다. 나는 그냥 ETF에 투자하면 끝이다. 아무것도 신경 쓸 필요가

ARIRANG 고배당주 ETF 구성 종목

종목		현재가 (전일대비)	비중 (전일대비)
하나금융지주 086790		59,700 -0.17%	**6.50%** +0.02%
기아 000270		128,400 1.82%	**5.99%** -0.09%
기업은행 024110	은행주 위주 포트폴리오	14,150 0.78%	**5.34%** -0.02%
KB금융 105560		70,900 -0.42%	**5.28%** +0.07%
JB금융지주 175330		13,800 -1.50%	**5.05%** +0.11%
우리금융지주 316140		14,290 -1.24%	**4.89%** -0.04%
한국가스공사 036460		29,200 -1.35%	**4.70%** -0.07%
BNK금융지주 138930		7,910 0.13%	**4.58%** +0.09%
삼성카드 029780		39,700 0.89%	**4.31%** -0.03%
신한지주 055550		46,000 1.32%	**4.00%** -0.04%
SK텔레콤 017670		52,500 0.77%	**3.80%** -0.04%
삼성화재 000810		310,000 1.14%	**3.69%** +0.06%
DGB금융지주 139130		9,110 -0.22%	**3.63%** +0.04%

출처: ETF 체크, 2024년 3월 9일

없는 투자 방법이 바로 고배당 ETF 투자다.

게다가 이는 고금리 시대에 유리한 전략이다. 어쩌면 과거와 같은 저금리 시대는 다시 오지 않을 수도 있다. 즉, 레버리지를 일으켜 돈을 벌기가 힘들어졌다는 이야기다. 현재 미국의 경우 5.5%의 기준금리, 한국은 3.5%의 기준금리로 고정되어 있다. 하지만 3.5%의 이율로 은행에서 돈을 빌릴 수는 없다. 신용도나 자금 규모에 따라 5% 이상의

ARIRANG 고배당주 ETF 주가 차트

출처: 키움증권 HTS

금리를 주고 레버리지를 할 수밖에 없는 상황이다. 만약 상가를 100% 내 돈 주고 산다면 상관없겠지만 레버리지를 일으켜 상가에 투자한다고 한다면 이제는 은행에 5%의 이자를 주면서 상가에서 일정 수준의 수익을 내기란 불가능에 가깝다.

고배당 ETF에는 꾸준히 5%의 배당금이 지급된다. 상가처럼 레버리지를 일으킬 필요도 없어 위험 부담이 없다. 국내 고배당 ETF의 경우 은행 관련주 포트폴리오로 구성되어 있어 안전하다. 위험한 포트폴리오로 구성되어 있다면 내 돈을 투자하기는 힘들다. 그러므로 변동이 적으면서 꾸준히 수익을 내는 고배당 ETF에 투자자가 몰린다. 고배당 ETF는 배당뿐만 아니라 주식 가치도 우상향하고 있다. 따라서 배당금에 더해 자산 증식도 노려볼 만하다. 앞서 언급한 복리 실전 6단계를 통해 상승장과 하락장을 구분할 줄 안다면 고배당 ETF를 노려볼 수 있다.

만약 3억 원이라는 투자금이 있다면 매달 100만 원씩 기계적으로 매수하다 주식이 하락장으로 접어들었을 때 여러 번 나눠 매수한다면 저가에 매입할 수 있어 주식의 가치도 상승하고 배당금도 얻으므로 일거양득이다. 고배당 ETF의 경우 주식이 하락장에 들어서도 펀더멘털에는 문제 없다. 그럼 대표적 고배당 ETF 상품에 대해서 알아보자.

고배당 ETF 상품 비교

기초자산	상품명	총보수	순자산총액(원)	거래량	배당률
주식	KODEX 고배당	0.49%	327억	3.9만 주	5.46%
주식	KBSTAR 고배당	0.27%	358억	5.9만 주	3.52%
주식	ARIRANG 고배당주	0.35%	3,068억	62만 주	5.08%

출처: ETF 체크, 2024년 3월 9일

14

나는 이렇게
반도체 ETF에 투자한다

우리 몸은 심장을 통해 피를 전신에 보내 건강하게 활동할 수 있게 한다. 만약 심장에 문제가 생기거나 제 기능을 발휘하지 못한다면 곧 죽음에 이를 것이다. 이처럼 사람에게 심장이 꼭 필요하듯 미래에도 반도체는 필수다. 반도체가 없으면 기계가 작동하지 못하듯 앞선 기술을 따라가지 못한다면 우리가 누리는 기술 또한 탄생하지 못한다.

게다가 이제는 마이크로소프트와 엔비디아를 필두로 한 AI 시대에 들어섰다. AI를 구동하기 위해서는 높은 사양의 반도체 칩이 필요하다. 반도체 시대가 끝났다고 말하는 사람들도 있지만, 기술이 점점 발전하면서 더 높은 사양의 반도체가 요구되고 있다. 수요도 급격하게 늘고 있다. 우리 눈에 보이지 않는 것뿐이지 우리 생활을 편리하게 만들어주는 기술 밑에는 반도체가 숨어 있다. 로봇, 자율주행, 자동차,

청소기에 이르기까지 반도체가 쓰이지 않는 곳이 없다.

반도체에는 슈퍼 사이클이 존재한다. 이는 대체로 4년에서 5년을 주기로 2년 정도 상승하는 흐름을 보인다. AI 기술처럼 비약적 발전이

KODEX 반도체 ETF 구성 종목

☰	✔ ETF CHECK	🔍
	3/8 ● 장마감	
‹	**KODEX 반도체** 39,095 1.98%	☆

기본정보	성과	구성종목	자금유입

종목	현재가	비중 (전일대비)
SK하이닉스 000660	171,900 4.24%	**23.51%** +0.44%
삼성전자 005930	73,300 1.52%	**17.07%** -0.05%
한미반도체 042700	100,100 1.42%	**7.68%** -0.16%
HPSP 403870	54,800 -3.69%	**4.72%** -0.06%
리노공업 058470	215,500 5.12%	**3.69%** -0.01%
이오테크닉스 039030	198,100 0.51%	**3.00%** -0.12%
DB하이텍 000990	46,150 1.54%	**2.90%** 0.00%
주성엔지니어링 036930	36,750 0.27%	**2.34%** -0.03%
원익IPS 240810	34,100 -2.85%	**2.09%** +0.01%
고영 098460	20,900 3.21%	**2.02%** -0.08%
하나마이크론 067310	28,200 6.02%	**1.66%** -0.02%
LX세미콘 108320	77,500 0.26%	**1.53%** 0.00%
ISC 095340	95,000 18.45%	**1.48%** +0.04%

출처: ETF 체크, 2024년 3월 9일

삼성전자 주가 차트

출처: 키움증권 HTS

이루어진다면 장기 호황에 조금 더 빨리 진입할 수도 있다. 과거에도 반도체 슈퍼 사이클은 존재했다. 퍼스널컴퓨터가 보급될 당시 반도체 수요가 급증했다. 스마트폰이 탄생한 2010년대에도 반도체 슈퍼 사이클에 진입해 삼성전자와 SK하이닉스 등이 급성장했다. AI 기술을 바탕으로 한 미래에는 어떤 분야에 반도체가 사용될지 예측할 수 없다. 따라서 앞으로 반도체 수요는 더 급증할 것으로 예상된다.

ETF 사용설명서

KODEX 반도체 ETF 주가 차트

출처: 키움증권 HTS

다만 최근 삼성전자 주가가 조금 지지부진하다. 삼성전자는 대표적 국민 관련주로 700만 명 이상이 주식을 보유하고 있다. 삼성전자의 주가를 부양하는 것은 반도체다. 다만 삼성전자의 경우, 높은 사양의 반도체 칩 개발이 늦어지면서 고전하고 있다. 수많은 개인 투자자는 마음이 초조할 수밖에 없다.

그렇다면 반도체 ETF는 어떨까? ETF의 장점은 한 종목에 국한되지 않기에 시장의 흐름을 따른다. 삼성전자가 지지부진하더라도 다른 반도체 기업들이 상승하면서 반도체 슈퍼 사이클에 동참할 수 있다. 반도체 ETF는 영업 이익이 우수하고 미래를 주도할 수 있는 상품이기에 자연스럽게 포트폴리오 교체가 이루어진다. 반도체 분야에 투자하고 싶다 해도 모든 반도체 기업을 알 수 없고 어떤 회사가 미래 기술을 가지고 있는지 100% 알 수 없다. 이러한 수고는 포트폴리오를 관리하는 ETF 운용회사에서 우리를 대신해 준비할 것이다.

앞선 그래프에서 표시된 부분이 금리 인상으로 인해 하락장이 끝나는 시점이다. 삼성전자는 5만 1,200원에서 당시 7만 3,300원으로 40% 정도 상승이 이루어졌다. 하지만 반도체 ETF의 경우 바닥에서 100% 가까운 수익이 발생했다. 바닥에서 정확히 투자할 수는 없다 하더라도 삼성전자는 40% 수익이 발생했고 삼성전자가 포함된 대표 반도체 ETF인 KODEX 반도체의 경우 SK하이닉스와 한미반도체 힘으로 100% 수익이 발생했다. 대표 반도체 ETF는 다음과 같다.

반도체 ETF 상품 비교

기초자산	상품명	총보수	순자산총액(원)	거래량
주식	KODEX 반도체	0.57%	7,622억	56만 주
주식	KODEX 미국 반도체 MV	0.25%	2,474억	29만 주
주식	SOL AI 반도체 소부장	0.51%	3,167억	201만 주

출처: ETF 체크, 2024년 3월 9일

ETF 사용설명서

4장

39세에 돈 걱정 없는 노후를 완성한 7가지 투자 원칙

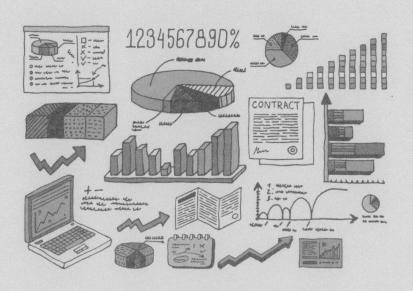

1

은퇴 이후 월 300만 원, 고배당 ETF가 답이다

회사 임원분과 식사를 한 적이 있다. 긴장한 가운데 어렵사리 대화를 이어가는 도중 이사님이 자신의 노후에 관해 이야기했다. "이제 길어봤자 회사에 다닐 수 있는 기간은 2년뿐이라네. 나는 직원들이 봤을 때는 이사지만 회사와 1년 단위로 계약하는 임시직이지." 새삼 임원 자리도 쉽지 않다고 생각하는 동안, 그 이사님은 그래도 걱정 없다며 미국 지수 ETF에 투자했던 이야기를 했다. 이사님이 투자한 상품은 친구가 설계해준 것으로 배당금도 재투자하는 상품이었다.

그는 이 상품에 서른다섯 살에 가입해 20년간 매달 100만 원씩 적립식으로 투자했다. 자녀들이 커가는 동안에는 해약할까 하는 마음이 수십 번도 더 들었지만, 버텨온 게 아까워 꾸준히 투자했다고 한다. 그리고 직급이 올라가며 연봉이 오르게 되었을 때쯤에는 투자 금액이 그리 신경 쓰이지 않게 되었다고 했다.

그런데 ETF를 해지하지 않았던 선택이 인생의 한 수였다. 임원까지 오른 것도, 노후 준비까지 마친 것도 자신밖에 없다고 했다. 은퇴한 친구들은 대부분 자영업을 하고 있다고 했다. 그 이사님은 당장 은퇴해도 매달 300만 원을 월급처럼 받을 수 있다고 했다. 그리고 아내 역시 교직에 있었기에 자신과 마찬가지로 300만 원의 연금이 발생한다고 했다. 매달 600만 원의 수입이 있기에 당장 회사를 그만둬도 걱정이 없다고 했다. 아이들이 분가하게 되면 작은 집으로 옮겨 마음 편하게 골프도 치고, 여행도 다니고 싶다 하셨다.

이처럼 배당 ETF 투자에 대해 지금부터 인지하고 내 삶을 바꿔야겠다고 마음먹었다면 노후는 더 이상 걱정이 아닌 삶의 축복이다. 과정은 즐거울 것이며 미래에 대한 내 삶의 목적지는 누구보다 분명할 것이다.

잠시 눈을 감고 자신의 노후를 그려보자. 노후에 대한 불안한 감정이 내 안을 감싸고 있었을 것이다. 하지만 이제부터는 아니다. 눈을 감고 하나하나씩 노후까지 가상의 점을 찍어보자. 그리고 그 점을 하나씩 이어나가보자. 노후 월급이 든든하게 들어오는 종착역이 당신을 기다리고 있을 것이다. 그리고 그 지점이 제2의 인생을 꾸려나가는 시작점이 될 것이다. 배당금 재투자를 하기 위해서는 10년 이상의 데이터와 경험이 필요하다. 과거의 데이터를 분석하고 미래를 시뮬레이션해본 결과, 배당 재투자가 100% 좋다고 할 수는 없다. 하지만 장점은

ETF 사용설명서

명확했다.

첫째, 하락장을 두려워할 필요가 없다. 누구나 하락장에 말려드는 경우가 있다. 상승장에서 수익을 내더라도 하락장 직전에 빠져나오지 못한다면 실패한 투자자로 남을 수 있다. 고점에서 내 자본이 전부 투자에 들어가 있다면 다시는 기회가 오지 않을 수도 있다. 배당금 재투자는 이러한 문제점을 피할 수 있다. 꾸준히 일정한 금액을 분할해 매수한다면 하락장을 두려워할 필요가 없다. 당장 팔아 현금화할 게 아니기 때문이다. 최종 목적지는 노후 시점이다. 마켓 타이밍을 맞출 필요가 없기에 스트레스를 받을 필요도 없다. 배당금이 나오면 배당금 재투자를 통해 주식 수를 늘려가면 된다. 오히려 하락장은 기회가 될 수 있다. 일정한 투자금을 분할 매수하다 하락장이 도래했을 때 집중투자를 하면 배당률을 극대화할 수 있다.

둘째, 배당금을 재투자할 수 있다. 지수는 꾸준히 우상향해왔다. 배당금 재투자 또한 지수 우상향 개념이 적용된다. 직장인들이라면 배당 재투자를 통해 노후 월급을 준비할 수 있다. 3억 원이라는 노후 자금이 있다면 고배당 ETF에 투자하는 것은 어떨까? 10%의 배당금을 안정적으로 주는 월 배당 ETF도 존재한다. 월 배당 ETF 투자로 15% 과세 이후에도 200만 원 정도의 배당금을 받는다면 장사를 하는 것보다 나을 수 있다. 시간이 지나 연금까지 받게 된다면 좀 더 여유롭게 노후를 보낼 수 있다.

셋째, 배당금 투자는 다양하게 활용할 수 있다. 배당금을 재투자해 노후에 복리 수익을 극대화할 수 있다. 재투자하고 싶지 않다면 적립식 투자나 목돈 투자로 매달 배당을 받아 다양하게 활용할 수 있다. 미래에 원하는 배당금을 직접 적어보자. 만약 3년 뒤 200만 원의 추가 소득이 발생할 수 있도록 설계를 했다면, 그 돈으로 하고 싶은 것을 적어보자. 의외로 할 수 있는 게 무궁무진하다는 걸 알 수 있다. 해외여행 자금으로도 활용할 수 있고, 취미 생활을 늘려나갈 수도 있다. 내 삶의 질을 높일 수도 있고 아이 교육비로 활용할 수 있다. 공격적으로 고배당 ETF에 투자할 수 있고 주식 투자를 통해 수익 극대화를 노려볼 수도 있다. 이것이 추가로 들어오는 추가 파이프라인의 힘이다. 월급에만 의존했던 과거는 날려버리자. 노후는 더 이상 걱정과 근심이 아닌 진정한 축제가 될 것이다.

배당 ETF 투자의 종류

배당 ETF 투자는 크게 세 가지로 나눌 수 있다. 첫 번째, 국내 배당 ETF 투자다. 국내 배당금을 지급하는 상장 기업으로만 이루어져 있으며 고배당 ETF, 배당 성장 ETF, 고배당 저변동 ETF 등이 있다. 두 번째, 국내에 상장된 해외 배당 ETF 투자다. 말 그대로 국내에서 상장해 해외 ETF에 투자하게끔 설계해 국내 계좌로도 해외에 직접 투자하는 효과를 누릴 수 있다. 세 번째는 해외 배당 ETF에 직접 투자하는 방식이다. 환율과 세금 관련해서 국내 ETF 투자와 차이가 있으면 미국에 직접 투자하는 것이 국내 투자보다 낫다는 인식도 커 해외 ETF에 직접 투자하는 비중도 늘어가는 추세다. 자신에게 적합한 배당 관련 ETF를 정해 바로 실천해보자. 많이 분석한다고 해서 더 좋은 ETF를 찾는 것도 아니다. 각자에게 적합한 ETF를 찾아내 투자한다면 여러 배당 ETF를 분석하지 않고도 투자할 수 있다.

종목 분석에 앞서 과거 S&P 500 데이터를 바탕으로 배당금을 재투자할 때와 배당금을 사용하고 복리 수익만을 추구했을 때의 차이점을 알아보자. 노후 월급을 효율적으로 만들어내기 위해서는 배당 재투자가 필수다. 받은 배당금을 다시 재투자했을 때 복리 수익률은 시간이

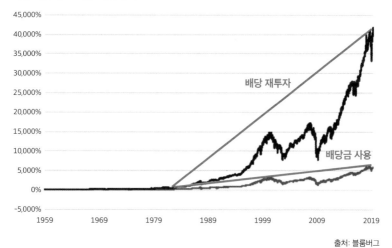

배당 재투자 vs 배당 사용

출처: 블룸버그

지날수록 걷잡을 수 없이 늘어난다. 어떻게 준비해나갈지는 당신의 선택에 달렸다.

배당 ETF를 통해 배당금 재투자에 대한 개념을 이해해보자. 1959년부터 2019년까지 S&P 500의 배당률은 평균 1%에서 2%였다. 이때 원금만을 투자했을 시 50배 자산 상승이 이루어졌으나, 배당금을 재투자한 경우에는 400배의 자산 상승이 발생했다. 물론 원금만 이용한 자산 상승도 놀랍지만, 배당금을 재투자했을 경우에는 8배 가까운 복리 수익이 발생했다. 배당금은 주식 수와 비례한다.

주식 수가 고정적이라면 각자 가지고 있는 주식 수만큼의 비율대로만 배당금이 지급된다. 하지만 배당금을 재투자한 뒤 시간이 흐른다면 결과는 달라진다. 주식 수가 늘어나는 효과가 있기 때문에 노후에 받을 수 있는 배당금은 기하급수적으로 늘어난다.

S&P 500은 꾸준히 우상향했기 때문에 배당금은 1%에서 2%밖에 되지 않는데도 불구하고 배당금 재투자 효과는 상상 이상이었다. 만약 배당률이나 배당성장률이 더 높았다면 노후에 받을 수 있는 배당금은 우리가 생각하는 것보다 더 컸을 것이다. 중요하기에 한 번 더 강조한다. '주식 수 증가=배당금 증가'로 이어진다.

2

배당 ETF 투자 전
꼼꼼하게 챙겨야 할 6가지

1. 배당수익률

배당이란 기업이 일정 기간 영업 활동을 해 발생한 이익 중 일부를 주주에게 나눠주는 것을 의미한다. 배당수익률Dividend yield은 투자 자금에 대해 배당이 어느 정도 되는가를 나타내는 비율로서, 배당금을 현재 주가로 나눈 값이다. 예를 들어 주가가 1만 원인데 600원의 배당금을 나눠준다면 배당률은 6%다. 경제 위기로 인해 주가는 5,000원을 형성하고 있지만, 기업에서 벌어들이는 이익은 같아 똑같이 600원의 배당금을 받게 된다면 내가 실제로 받는 배당률은 12%가 된다. 1만 원에 주식을 샀는데 주가가 5,000원에 도달했고 배당금을 600원 받았다면 1만 원에 산 투자자는 배당률에 큰 의미가 없다. 하지만 5,000원 부근에서 투자해 배당금을 받는다면 실질 배당률은 12%를 받게 된다. 배당률이란 내가 투자하는 배당 ETF 가격에 따라 달라질 수 있다.

2. 배당성장률

배당성장률Dividend growth이란 배당금이 늘어난 비율을 의미한다. 배당성장률이 높다는 것은 회사가 성장하고 있다는 것을 의미한다. 배당 투자 시 배당수익률도 중요하지만, 배당성장률 또한 같이 봐야 할 중요한 지표다. 만약 2022년도에 1,000원의 배당금을 지급했고

배당 챔피언과 배당 블루칩은 배당금을 주지 않거나 삭감할 수 있음.

2023년도에 배당금을 1,100원에 지급했다면 배당성장률은 10%다. 배당성장률을 꾸준히 이어왔다면 성장 가능성이 높다는 것을 의미한다. 미국에는 배당 역사가 긴 기업들을 배당 왕(50년 연속 배당성장), 배당 귀족(25년 연속 배당성장)이라 부른다.

3. 총보수 비용

투자를 위해 반복되어 지급되는 제반 비용이 펀드의 순자산에서 차지하는 비중을 의미한다. 투자 금액이 100만 원이라고 가정하고 보수 비용이 2%였다면 매년 2만 원의 보수 비용이 발생하게 된다는 의미다. 보수 비용에는 운용, 판매, 수탁, 일반 등 펀드 보수와 유가증권 거래 수수료 등이 포함되며, 이자 등 금융 비용은 제외된다. ETF는 인덱스펀드를 추종하기 때문에 펀드와 마찬가지로 운용 관리비가 든다. 펀드만큼은 아니지만 주식에는 없는 보수 비용이 발생하기 때문에 투자 시 보수 비용을 확인해야 한다. 비슷한 투자 상품인데 보수가 더 비싸다면 굳이 매수할 필요가 없다.

4. 순자산 총액과 거래량

순자산 총액은 자산에서 부채를 뺀 금액으로 투자 원금에 수익까지 감안한 금액을 말한다. 주식에 시가총액이라는 개념이 있다면 ETF는 순자산 총액이 시가총액과 같은 개념이라고 생각하면 된다. 순자산 총액이 50억 원 미만이면 상장폐지될 가능성도 있어 주의해야 한다. 다만 주식의 상장폐지처럼 0원에 수렴하는 것이 아니라 남은 순

ARIRANG 고배당주 ETF

161510 코스피
ARIRANG 고배당주
14,780 원
▲10 +0.07%
03.22. ● 장마감

내 증권사 설정하고 빠르게 주문하세요.   ⚙ 설정

종합	토론	뉴스·공시	시세	분석
전일	14,770 시가			14,765
고가	14,890 저가			14,700
거래량	153,245 대금			2,265백만
52주 최고	15,000 52주 최저			10,720
최근 1개월 수익률	+5.68% 최근 3개월 수익률			+20.95%
최근 6개월 수익률	+22.40% 최근 1년 수익률			+34.49%
NAV	14,742.57 펀드보수			0.230%
기초지수	FnGuide 배당주 지수 운용사			한화자산운용

출처: 네이버증권, 2024년 3월 24일

자산 가치에 대한 금액을 투자자에게 돌려주고 상장폐지 절차가 진행된다. 또한, 순자산 가치가 작으면 거래량이 없을 가능성이 크다. 해외 ETF는 투자금이 풍부해 거래량이 많은 ETF 종목 비율이 높지만, 국내 ETF 종목 중에는 거래량이 적은 ETF 종목이 많다. 내가 원하는 구성의 ETF를 찾았다고 해도 막상 투자하려고 하면 거래량이 적은 ETF일 경우가 대부분이다. 거래량이 적다는 점은 사고팔기가 힘들고 호가와 호가 사이에 갭 차이가 발생해 매도하고 싶을 때 매도하기 힘든 상황이 발생해 비싸게 사고 싸게 팔아야 하는 경우가 발생할 수 있다.

아리랑 고배당주 ETF를 살펴보자. 거래량 15만 주, 일 거래 대금 22억 원, 총보수는 0.23%다. 이처럼 ETF 내에서 총보수, 거래량, 거래 대금과 같은 기본 정보를 습득할 수 있다. 이런 식으로 다른 ETF도 살펴볼 수 있다.

5. 배당 기간

배당 ETF 투자 시 관련 ETF가 언제 상장되었는지 그리고 꾸준히 배당금을 지급했는지 확인해보자. 배당 왕, 배당 귀족 기업들의 장점은 오랫동안 연속해서 배당을 주며 배당 성장을 이뤄왔다는 점이다. 연속 배당금을 지급한다는 것은 미래에도 배당할 확률이 높다는 뜻이다. 다만 배당 ETF의 상장 시점이 짧다면 내가 투자할 비교 근거가 없

아리랑 고배당주 ETF의 배당금과 배당일

지급기준일	실지급일	분배금(원)
2023년 4월 28일	2023년 5월 3일	730
2022년 4월 29일	2022년 5월 3일	680
2021년 4월 30일	2021년 5월 4일	590
2020년 4월 29일	2020년 5월 6일	470
2019년 4월 30일	2019년 5월 3일	530
2018년 4월 30일	2018년 5월 3일	500
2017년 4월 28일	2017년 5월 4일	430
2016년 4월 29일	2016년 5월 3일	400
2016년 1월 29일	2016년 2월 2일	10
2015년 4월 30일	2015년 5월 6일	260
2015년 1월 30일	2015년 2월 3일	10
2014년 4월 30일	2014년 5월 7일	287
2013년 4월 30일	2013년 5월 9일	260

기 때문에 투자에 대한 불확실성이 존재할 수 있다. 관련 ETF의 배당 기간을 확인해 꾸준히 배당금이 지급되고 있는지, 배당률의 변동성은 어떻게 진행됐는지 꼭 확인해야 한다.

앞에서 살핀 ARIRANG 고배당주 ETF의 경우 2013년부터 배당금 이 지급되었다는 것을 확인할 수 있다. 즉, 운영사에서 고배당 관련 주 식으로 적합하게 설정해두었으므로 앞으로도 배당 지급이 안정적으로 지급될 것이라고 예상할 수 있다. 이처럼 배당금은 투자 결정에 있어 중요한 지표로 활용할 수 있다.

6. 환율

국내 ETF는 환율의 영향을 거의 받지 않지만 미국은 달러의 가치가 수시로 변하기 때문에 해외 ETF나 국내에 상장된 해외 ETF 투자 시에는 환율을 고려해야 한다. 또한 국내에 상장된 해외 ETF에 투자할 경우에는 환 헤지(H) 여부를 확인해야 한다. 환 헤지가 표시된 ETF는 달러 변동과 상관없이 투자할 수 있다. 따라서 국내에 상장된 해외 ETF의 경우 환 헤지가 설정된 ETF에 투자하는 것이 환율에 신경 쓰지 않고 투자하는 방법이 될 수 있다. 다만 환 헤지 수수료는 발생한다.

KODEX 미국 나스닥 100 선물(H) ETF
'H'는 환 헤지형 상품이라는 의미다.
(환율 변동 없이 고정되어 있음)

환 노출 상품 → 환율이 1,000원에서 900원으로 하락 시 환율 손실 10% 발생
환 헤지 상품 → 환율이 1,000원에서 900원으로 하락 시 환율 손실 0% 발생
(환 헤지 수수료 발생)

해외 ETF에 직접 투자할 경우 달러 변동에 신경 써야 한다. 다만 10년 이상의 장기 투자라면 환율 변동은 신경 쓰지 않아도 된다. 달러 는 상단과 하단이 정해져 있어 주기적으로 위아래로 움직이기 때문이 다. 하지만 주식 상승기에는 달러가 하락하는 경향이 있다. 즉, 배당금 뿐만 아니라 종목 상승 차익까지 고려한다면 주식 상승기에 달러가 하락해 주식 상승분을 반감시키는 요소로 작용할 수 있다. 해외 ETF 에 직접 투자하는 경우는 장기 투자가 아니라면 달러의 움직임을 체 크해야 한다.

2023년 7월 17일 환율:
1306.5원에서 1265.8원으로 하락 시(환율 하락 3.12% 발생)

KODEX 미국 나스닥 100 레버리지(합성 H)
환 헤지 상품 수익률 8.65%

TIGER 미국 나스닥 100 레버리지(합성)
환 노출 상품 수익률 1.15%
(지수 상승률 3.65% 동일)

두 ETF의 차이는 운용 회사와 환 헤지 노출 여부만 다르지 나스닥 레버리지 상품으로 동일하다. 대체로 주가가 상승하면 환율은 떨어지 는 경향이 있다. 주가가 상승하자 환율이 떨어졌고 환 헤지 상품은 환율 하락 영향 없이 그대로 수익을 가져갔지만, 환 노출 상품의 경우 환율 변동을 고스란히 받아 수익률이 저조한 것을 알 수 있다. 해외 ETF에 투자하고 싶다면 환율 공부를 해두자.

개별 주식에는 재무제표가 존재한다면 배당금 투자에는 상품에 대한 정보가 존재한다. 상장일, 배당률, 거래량, 거래 대금, 시가총액 등 기본 정보들의 특징을 스스로 읽어낼 수 있을 때 진짜 투자가 가능해진다. 전문가가 추천해주는 상품을 선택해도 되지만 스스로 선택할 줄 아는 힘도 길러야 한다.

과정을 두려워하지 말고 즐기는 마음으로 공부해보자. 매일 습관으로 삼은 10분은 내 투자 인생에 큰 힘이 될 수 있다.

3

배당 재투자 계산기로 노후 미리보기

배당 ETF에 분석에 앞서 배당 재투자 계산기를 통해 노후에 받을 수 있는 배당금 목표와 달성 기간, 자산 투입 금액 등을 살펴본 다음, 배당금을 재투자하는 것까지 포함해 노후 설계를 해보자. 복리를 통한 명확한 목표와 금액이 계산되니 투자하는 데 있어 목표를 설정할 수 있는 동기부여가 된다. 배당 재투자 계산기로는 **샐러리 버프** (salarybuff.net/calculator/dividend)를 이용해보자.

목표로 하는 노후 월급을 정해보고 현재 가지고 있는 자산을 어떠한 방식으로 투자해야 하는지 각자 설정해볼 수 있다. 이 계산기는 투자에 의한 배당 수익을 전액 투자하는 것으로 가정하고 있으며, 인플레이션은 반영하지 않는다. 배당소득세의 경우 대한민국을 선택하면 15.4%, 미국을 선택하면 15%가 적용된다. 순서대로 몇 번만 따라 하면 쉽게 목표 금액을 계산할 수 있다. 각 항목이 어떤 내용인지 알아보자.

1. **보유 자산**: 초기 투자금을 설정해보자.

2. **연간 배당률**: 월 배당, 분기 배당, 연 배당으로 분류되지만 쉬운 계산을 위해 연 배당으로 입력해보자.

3. **배당성장률**: 종목마다 배당성장률이 다르지만, 연평균 5% 배당성장이 이루어지고 있다고 가정해보자.

4. **월 추가 투입금**: 초기 투자금에 더해 매달 적금처럼 일정 금액을 넣어 투자하는 금액을 의미한다.

5. **투입금 증가율**: 매달 같은 금액을 투자한다면 투입 증가율은 0%이다.

6. **목표 월 배당금**: 가장 중요한 항목이다. 은퇴 시점에 받고 싶은 배당 목표를 설정한다. 300만 원을 받고 싶다면 300만 원을 입력한다.

7. **배당소득 발생 지역**: 대한민국에서 소득이 발생했다면 대한민국으로 체크하고, 미국에서 소득이 발생했다면 미국으로 체크한다.

8. **비과세**: 은퇴 시점에 배당금이 늘어나게 되면 양도소득세가 발생하게 된다. 현재 시점에서는 과세 부분에 체크하고 진행해보자.

배당금을 재투자한다는 의미는 복리의 힘을 최대한 이용한다는 것을 의미한다. 은퇴 시까지 투자금을 늘려간다면 배당금이 나오는 시간은 좀 더 짧아질 수 있다. 그 결과는 다음과 같다.

배당 재투자 계산

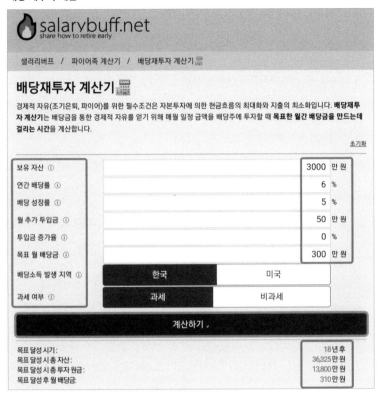

결과 - 18년 후 월 310만 원 발생

(만 원)

기간(연)	연초 배당금	연말 보유 자산	누적 투자 원금	누적 재투자 배당금
1	152	3,752	3,600	152
2	200	4,552	4,200	352
3	255	5,407	4,800	607
4	318	6,325	5,400	925
5	390	7,315	6,000	1,315
6	474	8,389	6,600	1,789
7	571	9,560	7,200	2,360
8	683	10,842	7,800	3,042
9	813	12,255	8,400	3,855
10	965	13,820	9,000	4,820
11	1,143	15,563	9,600	5,963
12	1,351	17,514	10,200	7,314
13	1,597	19,711	10,800	8,911
14	1,887	22,198	11,400	10,798
15	2,231	25,028	12,000	13,028
16	2,641	28,270	12,600	15,670
17	3,132	32,002	13,200	18,802
18(목표 달성)	3,723	36,325	13,800	22,525

* 초기 자금 3,000만 원으로 시작하고, 배당률 6%, 배당성장률이 5%라면 매달 월 50만 원씩 적립할 경우, 18년 차에 매달 310만 원의 수익이 발생하게 된다. 투자 원금이 1억 3,800만 원이라면 자산 증식도 3억 6,300만 원으로 이루어진다.

4

안정성과 고배당
두 마리 토끼를 잡는 법

안정적인 배당 성장형 고배당 ETF

배당 ETF에 대해서도 알아보자. ARIRANG 고배당주 ETF는 대표적인 국내 상장 고배당 ETF로 순자산 가치의 변동률을 에프앤가이드 배당주 지수의 변동률과 유사하도록 운영하는 것을 목적으로 한다. 에프앤가이드 배당주 지수는 유가증권 시장 유동 시가총액 상위 200종목 중에서 60일 평균 거래대금이 5억 원 이상이면서 예상 배당 수익률 상위 30종목을 포함한다. 기초 지수의 정기 변경은 5월, 11월 옵션 만기일의 익일 영업일에 실시한다. 거래량은 15만 주, 거래 대금은 22억 원이 발생했으며 펀드 보수는 0.23%로 비교적 저렴한 편이다.

ARIRANG 고배당주 ETF

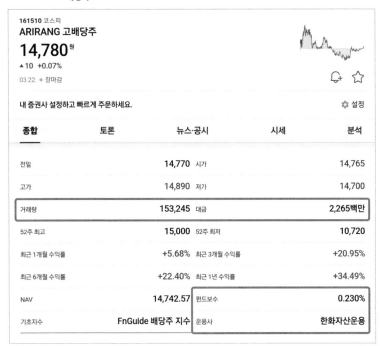

161510 코스피			
ARIRANG 고배당주			
14,780원			
▲ 10 +0.07%			
03.22. ● 장마감			
내 증권사 설정하고 빠르게 주문하세요.			⚙ 설정
종합	토론	뉴스·공시	시세	분석

전일	14,770	시가	14,765
고가	14,890	저가	14,700
거래량	153,245	대금	2,265백만
52주 최고	15,000	52주 최저	10,720
최근 1개월 수익률	+5.68%	최근 3개월 수익률	+20.95%
최근 6개월 수익률	+22.40%	최근 1년 수익률	+34.49%
NAV	14,742.57	펀드보수	0.230%
기초지수	FnGuide 배당주 지수	운용사	한화자산운용

출처: 네이버증권, 2024년 3월 24일

HD현대와 SK텔레콤 외에는 금융주 위주로 구성되어 있다. 금융 관련주는 주가의 영향을 적게 받고 높은 배당금을 주는 포트폴리오로 균일하게 분포되어 있으며 금리 상승 시기에는 금융주 포트폴리오 비중이 높아 배당금이 오를 확률이 높다. 반대로 미국의 저금리 정책이 우세하다면 배당금이 내려갈 수 있다.

포트폴리오가 금융주 위주로 구성되다 보니 주가 변동성이 일반 주식보다 덜하다. 2018년 리먼 브러더스 당시 금융위기가 발생했기 때

ARIRANG 고배당주 ETF의 포트폴리오

구성종목(자산)	주식 수	비중(%)
기업은행	1,774	5.52
KB금융	348	5.47
JB금융지주	1,805	5.15
우리금융지주	1,484	5.13
하나금융지주	418	4.99
BNK금융지주	2,378	4.66
DGB금융지주	2,088	4.61
신한지주	441	4.60
HD현대	235	4.55
SK텔레콤	297	4.11

ARIRANG 고배당주 ETF의 10년 주가 추이

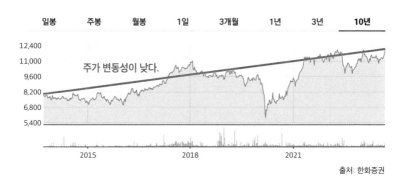

출처: 한화증권

ARIRANG 고배당주 ETF의 배당금 지급 현황

지급 기준연도(연)	배당금(원)	배당성장률(%)
2023	730	7.3
2022	680	15.2
2021	590	25.5
2020	470	-11.3
2019	530	6
2018	500	16.2
2017	430	4.8
2016	410	51.8
2015	270	-0.59
2014	287	10.3
2013	260	0

문에 주가는 폭락할 수밖에 없었다. 하지만 이후 안정적인 주가 흐름을 보였으며, 장기 투자를 목적으로 한다면 주가 추이는 크게 신경 쓰지 않고 꾸준히 모아가는 전략이 유효해 보인다. 배당금 지급 현황은 위와 같다.

ARIRANG 고배당주 ETF의 경우 10년간 배당성장률 11.3%를 꾸준히 유지하고 있다. 2013년도부터 배당금까지 재투자했다면 수익률이 더 높았을 것이다. 그렇다면 ARIRANG 고배당주 ETF 데이터를 바탕으로 배당금까지 재투자하는 결과를 샐러리 버프로 계산해보자.

1. 보유 자산: 3,000만 원으로 설정

2. 배당률: 5.66%로 설정

3. 배당성장률: 11.3%으로 설정

4. 월 추가 투입금: 50만 원으로 설정

5. 투입금 증가율: 0%으로 설정

6. 목표 월 배당금: 300만 원으로 설정

7. 배당소득 발생 지역: 대한민국으로 설정

8. 과세 여부: 과세 영역으로 설정

배당 재투자 계산

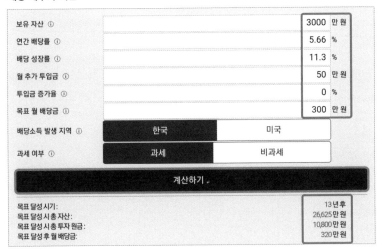

보유 자산 ⓘ	3000	만 원
연간 배당률 ⓘ	5.66	%
배당 성장률 ⓘ	11.3	%
월 추가 투입금 ⓘ	50	만 원
투입금 증가율 ⓘ	0	%
목표 월 배당금 ⓘ	300	만 원
배당소득 발생 지역 ⓘ	한국	미국
과세 여부 ⓘ	과세	비과세

계산하기 ↵

목표 달성 시기:	13년 후
목표 달성 시 총자산:	26,625만 원
목표 달성 시 총 투자 원금:	10,800만 원
목표 달성 후 월 배당금:	320만 원

결과 - 13년 후 월 320만 원 발생

(만 원)

기간(연)	연초배당금	연말 보유 자산	누적 투자 원금	누적 재투자 배당금
1	144	3,744	3,600	144
2	200	4,543	4,200	343
3	269	5,413	4,800	613
4	357	6,370	5,400	970
5	468	7,438	6,000	1,438
6	608	8,646	6,600	2,046
7	787	10,033	7,200	2,833
8	1,016	11,650	7,800	3,850
9	1,314	13,563	8,400	5,163
10	1,702	15,866	9,000	6,866
11	2,216	18,682	9,600	9,082
12	2,904	22,186	10,200	11,986
13(목표 달성)	3,839	26,625	10,800	15,825

TIGER 리츠 부동산 인프라 ETF

직장인이 부동산에 투자하기란 쉬운 일이 아니다. 서울 기준으로 평균 10억 원 정도의 아파트를 사기 위해서는 큰돈을 빌려야 한다. 이후에도 원리금을 포함해 이자까지 매달 일정 금액을 오랜 기간 내야 한다. 집값이 오르더라도 생활비가 한정돼서 빠듯한 삶을 살아갈 수밖에 없다. 다행히 집을 사자마자 오른다면 다행이지만 부동산 사이클은 10년 주기로 오르고 내리기 때문에 타이밍을 잘못 잡는다면 장기간 원리금 부담에 허덕이며 살아갈 수밖에 없다.

그래서 부동산 투자의 대안으로 리츠 투자가 관심을 끌고 있다. 소액으로도 쉽게 접근할 수 있기 때문이다. TIGER 리츠 부동산 인프라 ETF의 2024년 2월 가격은 4,355원이다. 커피 한 잔 가격 정도로도 리츠 ETF 한 주를 매수할 수 있다. 만약 부동산 투자를 하고 싶은데 월급이 적거나 목돈 드는 아파트 투자가 꺼려진다면 소액으로 시작하는

리츠의 기본 구조

출처:미래에셋 자산운용

리츠 ETF 투자도 대안이 될 수 있다.

리츠란 REITs Real Estate Investment Trusts의 약자로 '부동산 투자 신탁'이라는 뜻이다. 개인 투자자나 기관 투자자가 부동산 투자 회사(주식회사)에 투자하게 되면 투자 회사는 그 자금을 이용해 부동산이나 부동산 관련 유가증권 등에 재투자한다. 이 경우 부동산 투자 비중이 자산의 80% 이상이어야 한다. 이때 발생한 임대료나 개발 이득 등을 투자자들에게 지급하는 방식으로 이루어진다. 이익의 90% 이상을 의무적으로 배당하게 되어 있기 때문에 투자자는 고배당을 노릴 수 있다. 리츠 ETF의 투자 대상은 빌딩, 쇼핑몰, 상가, 데이터센터, 창고, 통신탑, 아파트, 연구단지 등 다양하게 구성되어 있어 다양한 부동산 섹터의 투자를 통해 안정적인 수익 구조를 만들 수 있다.

국내에 상장된 ETF 중 순자산이 계속 성장하며 거래량과 거래 대금이 가장 많은 TIGER 리츠 부동산 인프라 ETF를 좀 더 알아보자. 이는 미래에셋자산운용사의 상품으로 국내 최초 부동산 인프라펀드에 투자하는 인컴형 ETF로서 높은 배당금을 지급한다. 인컴형 ETF는 주

TIGER 리츠 부동산 인프라 ETF의 종목 비중

순위	업종	비중(%)
1	부동산	68.90
2	금융	15.75
3	기타	13.32

TIGER 리츠 부동산 인프라 ETF의 상위 종목

순위	종목명	비중(%)
1	맥쿼리인프라	15.75
2	SK리츠	14.75
3	ESR켄달스퀘어리츠	9.82
4	롯데리츠	9.69
5	제이알글로벌리츠	9.63
6	신한알파리츠	6.42
7	코람코에너지리츠	5.75
8	삼성FN리츠	4.60
9	맵스리얼티1	4.43
10	한화리츠	4.36

식, 채권, 부동산 등 자산을 보유하면서 이자나 배당 등 정기적인 수익을 거두는 상품을 의미한다. 최초 설정일은 2019년 7월 18일이며 총 보수율은 0.29%로 지수 ETF에 비해 높은 편이다. 순자산과 거래량 및 거래 대금은 국내에 상장된 리츠 ETF 상품 중 가장 높다.

　국내에 상장된 ETF의 경우 거래량이 없는 상품들이 다수기 때문에 거래량과 거래 대금을 살펴봐야 한다. 리츠 상품의 경우 직·간접적으로 부동산 분야에 80% 이상 투자가 이루어져야 한다. TIGER 리츠 부동산 인프라 ETF는 부동산과 금융 분야가 84.65%를 차지하고 있다. 투자 업종으로는 맥쿼리인프라의 비중이 가장 높다. 맥쿼리인프

TIGER 리츠 부동산 인프라 ETF의 거래 정보

거래 정보	
상장 거래소	KRX 유가증권시장
종목명	TIGER 리츠부동산인프라
상장 코드	329200
블룸버그 티커(펀드)	329200 KS
블룸버그 티커(기초 지수)	-
결제일	T+2
설정 단위(CU)	50,000주
거래 단위	1주
일 거래량(최근 3개월 일 평균)	347,444주
일 거래대금(최근 3개월 일 평균)	16억 원

* 블룸버그 티커(펀드): 주식에 부여되는 코드로, 예를 들어 삼성전자의 경우는 005930이다(미국은 티커라 부르고, 한국은 종목 코드라 부른다).
* 블룸버그 티커(기초 지수): 블룸버그에서 산출한 기초 지수.

라는 대표적인 리츠 배당주로 인천공항 고속도로, 천안-논산 고속도로, 인천대교, 부산항 신항을 통해 안정적으로 이익을 내고 있다. 국내 투자자에게 가장 인기가 좋은 주식 종목 중 하나다. SK리츠와 롯데리츠는 상업용 부동산, 그리고 다양한 리츠 회사 구성을 통해 배당을 하고 있다.

2022년 10월부터는 월 배당으로 지급되고 있으므로, 1년으로 합산해보면 1주당 305원, 즉 6.9%의 배당금을 지급하고 있다. 하지만 월분배금 분배율을 보면 2023년 3월에서 5월에는 분배금이 높았고 나

TIGER 리츠 부동산 인프라 ETF의 기본 정보

기본 정보	
최초 설정일	2019년 7월 18일
기초 자산	국내 주식
순자산 총액	2,920억 원
1주당 순자산(NAV)	4,479.03원
총 보수율(TER)	연 0.29%
분배금 기준일	매월 마지막 영업일
집합투자업자(운용)	미래에셋자산운용
신탁업자(자산보관)	신한은행
일반 사무관리 회사	한국펀드파트너스
AP/LP	홈페이지(www.tigeretf.com) 참조

* AP: ETF가 지정한 참가 회사로, 기존 시장 참여자들과 협력해 유동적으로 ETF를 거래하고, 시장 가격
  과 순자산 가치 사이의 균형을 유지하는 역할.
* LP: ETF 유동성 공급자로, 일반 투자자들이 원하는 만큼의 주식 또는 기타 자산을 공급하고 수요에 따
  라 적절한 가격으로 거래되도록 조절하는 역할.

머지 달에는 분배금이 낮다. 부동산 특성상 분배금이 일정하지 않다
는 단점이 있지만, 연 배당금으로 계산하면 높은 배당률이 지급된다.

　TIGER 리츠 부동산 인프라의 주가 추이도 살펴보자. 2020년 3월
에는 2,893원이었는데 이는 최대 저점으로, 이후 저금리 정책 기조로
인한 부동산 상승으로 인해 주가 또한 2022년 4월에는 5,774원의 고
점을 찍고 저점 대비 100% 상승률을 보여주었다. 하지만 이후 인플
레이션으로 인한 금리 인하로 자산 거품이 꺼지면서 하락기를 맞이했

TIGER 리츠 부동산 ETF의 인프라 분배금

분배금 지급일	주당분배율(%)	주당분배금(원)
2023년 8월 2일	0.36	16
2023년 7월 4일	0.17	8
2023년 6월 2일	0.21	10
2023년 5월 3일	1.00	45
2023년 4월 4일	1.06	48
2023년 3월 3일	0.84	40
2023년 2월 2일	0.20	10
2023년 1월 3일	0.21	10
2022년 12월 2일	0.22	10

다. 2024년 3월 미국 금리가 5.25%까지 올라간 상태에서 더 이상 금리를 올리기란 쉬운 결정이 아니기 때문에 향후 금리가 낮아지면 반대로 부동산 투자가 적합한 시기가 올 수도 있다. 대한민국의 부동산 가격은 오르고 내리기를 반복하며 우상향하는 경향이 있었기 때문에 적립식 투자를 이어간다면 평단가는 낮아질 것이며 배당금 재투자가 더해진다면 시간이 갈수록 보유 수량이 증가하며 배당 금액이 점점 늘어나는 효과를 얻을 수 있다.

TIGER 리츠 부동산 인프라 ETF의 주가 추이

출처: 키움증권 HTS

TIGER 리츠 부동산 인프라 ETF의 배당률과 배당성장률

배당금 추이도 살펴보자. 2020년에는 240원, 2021년에는 300원, 2022년에는 285원으로 평균 6%를 유지한다. 매년 배당금의 차이가 있어 3년 평균 배당률인 6%로 산출하고 배당성장률은 0%로 설정한 다음 배당금 재투자 후 수익까지 확인해보자.

ETF 사용설명서

지급 기준연도	배당률(%)	배당성장률(%)
2020	6	0

1. 보유 자산: 3,000만 원으로 설정

2. 배당률: 6%로 설정

3. 배당성장률: 0%으로 설정

4. 월 추가 투입금: 50만 원으로 설정

5. 투입금 증가율: 0%으로 설정

6. 목표 월 배당금: 300만 원으로 설정

7. 배당소득 발생 지역: 대한민국으로 설정

8. 과세 여부: 과세 영역으로 설정

배당 재투자 계산

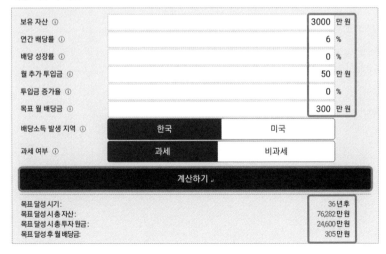

TIGER 리츠 부동산 인프라 ETF의 경우 평균 6%의 배당금이 지급되지만 매년 배당성장률이 없다면 노후 월급에서 목표로 하는 월 300만 원까지 36년이라는 긴 기간이 소요된다. 따라서 배당금 재투자 시 배당률뿐만 아니라 배당성장률이 중요하다는 것을 알 수 있다. 만약 부동산 상승기에 시세차익이 이루어지지 않는다면 최초 투자 자금을 늘려 노후 월급 목표를 줄여나가야 한다. 배당성장률이 높아진다는 것은 장기 투자 시 노후에 받는 노후 월급의 시점을 앞당길 수 있다는 것을 의미한다.

결과 - 36년 후 월 305만 원 발생

(만 원)

기간(연)	연초 배당금	연말 보유 자산	누적 투자 원금	누적 재투자 배당금
1	152	3,752	3,600	152
2	190	4,543	4,200	342
3	231	5,373	4,800	573
4	273	6,246	5,400	846
5	317	7,163	6,000	1,163
6	364	8,127	6,600	1,527
7	413	9,139	7,200	1,939
8	464	10,203	7,800	2,403
9	518	11,321	8,400	2,921
10	575	12,496	9,000	3,496
11	634	13,730	9,600	4,130
12	697	15,027	10,200	4,827
13	763	16,390	10,800	5,590
14	832	17,822	11,400	6,422
15	905	19,326	12,000	7,326
16	981	20,907	12,600	8,307
17	1,061	22,569	13,200	9,369
18	1,146	24,314	13,800	10,514
19	1,234	26,148	14,400	11,748
20	1,327	28,076	15,000	13,076
21	1,425	30,101	15,600	14,501
22	1,528	32,229	16,200	16,029
23	1,636	34,465	16,800	17,665

24	1,749	36,814	17,400	19,414
25	1,869	39,283	18,000	21,283
26	1,994	41,877	18,600	23,277
27	2,126	44,602	19,200	25,402
28	2,264	47,466	19,800	27,666
29	2,409	50,476	20,400	30,076
30	2,562	53,638	21,000	32,638
31	2,723	56,960	21,600	35,360
32	2,891	60,452	22,200	38,252
33	3,069	64,120	22,800	41,320
34	3,255	67,975	23,400	44,575
35	3,450	72,026	24,000	48,026
36(목표 달성)	3,656	76,282	24,600	51,682

ETF 사용설명서

국내에 상장된 해외 배당 ETF 재투자 시뮬레이션

국내에 상장된 해외 ETF

TIGER 나스닥 100 커버드 콜 ETF

TIGER 나스닥 100 커버드 콜 ETF는 나스닥 지수를 기반으로 커버드 콜 전략을 활용해 월 배당금을 주는 인컴형 상품이며, 미래에셋자산운용의 미국 자회사인 글로벌 엑스Global X의 대표 상품인 QYLD의 한국판이다. 2022년 9월 최초 상장되어 배당금이 지급된 기간은 1년 밖에 되지 않았지만 QYLD와 동일하게 나스닥 지수를 추종하기 때문에 2013년부터 거래가 이루어지고 있는 QYLD와 비교해 투자를 결정할 수 있다.

TIGER 나스닥 100 커버드 콜 ETF와 QYLD의 비교

구분	국내 상장 TIGER 미국 나스닥 100 커버드 콜 ETF	미국 상장 Global X Nasdaq-100 Covered Call ETF(QYLD)
특징	국내 상장 ETF	역외지역 상장 ETF
거래 단위	1주 단위(약 1만 원)	1주 단위(약 2만 원)
거래 통화	원화	달러(환전 비용 발생)
거래 시간	실시간/한국 시간 한국 시장 개장(9:00~15:30)	실시간/미국 동부시간 기준 미국 시장 개장(23:00~06:00)
결제 주기	T+2(국내 상장 주식과 동일)	T+2(국내 상장 주식과 동일)
거래세	없음	매도 시 0.002%
매매 차익 세금	배당소득세(15.4%) 금융소득 종합과세 시 합산 대상	양도차익 과세(22%) 금융소득 종합과세 시 불포함
세금	배당소득세(15.4%) 금융소득 종합과세 시 합산 대상	양도차익 과세(15%) 금융소득 종합과세 시 불포함

출처: 미래에셋증권

　국내에 상장된 해외 ETF는 환전 비용이 따로 발생하지 않고, 국내 주식시장과 동일하게 거래할 수 있어 한국 시간으로도 거래를 진행할 수 있다. 국내에 상장된 해외 ETF와 해외 ETF의 경우 각각 원화 결제와 달러 결제가 이루어지기 때문에, 해외에 직접 투자하게 되면 달러 환전 비용이 발생한다. 다음 표는 TIGER 나스닥 100 커버드 콜(합성) ETF의 거래 정보와 기본 정보, 그리고 업종 비중을 다룬 것이다.

TIGER 나스닥 100 커버드 콜 ETF의 거래 정보

기본 정보		거래 정보	
최초 설정일	2022년 9월 20일	상장 거래소	KRX 유가증권시장
기초 자산	해외 주식	종목명	TIGER 미국 나스닥 100 커버드 콜(합성)
순자산 총액	1,341억 원	상장 코드	441680
1주당 순자산(NAV)	10,048.03원	블룸버그 티커(펀드)	441680 KS
총 보수율(TER)	연 0.37%	블룸버그 티커 (기초 지수)	-
분배금 기준일	매월 마지막 영업일	결제일	T+2
집합투자업자(운용)	미래에셋자산운용	설정 단위(CU)	50,000주
신탁업자(자산보관)	홍콩상하이은행	거래 단위	1주
일반사무 관리회사	한국펀드파트너스	일 거래량 (최근 3개월 일 평균)	228,330주
AP/LP	홈페이지 참조 (www.tigeretf.com)	일 거래대금 (최근 3개월 일 평균)	23억 원

출처: 미래에셋증권

순자산 총액은 1,341억 원이며 거래량은 22만 주이고 거래 대금은 평균 23억 원 규모로 꾸준히 순자산과 거래 비율을 늘이고 있다. 수수료는 연 0.37%다. 나스닥 지수를 추종해 커버드 콜 방식으로 수익을 창출해내고 있으며, 애플 사의 비중이 가장 높고 마이크로소프트, 엔비디아, 메타, 테슬라 등 기술주 중심으로 구성되어 있다.

2022년 12월부터는 1%대의 배당금이 매달 지급되어왔다. 따라서 1년 기준으로는 12%의 배당금을 받게 된다. 앞으로도 AI, 자율주행,

TIGER 나스닥 100 커버드 콜 ETF의 업종 비중

업종 비중			상위 10종목			
순위	업종	비중(%)	순위	종목명	업종	비중(%)
1	기타	49.40	1	애플	정보기술	11.31
2	기타	15.72	2	마이크로소프트	정보기술	9.32
3	자유 소비재	14.05	3	아마존	자유 소비재	5.42
4	헬스케어	6.99	4	엔비디아	정보기술	4.67
5	필수 소비재	6.41	5	메타	커뮤니케이션 서비스	3.51
6	산업재	4.82	6	브로드컴	정보기술	3.17
7	유틸리티	1.19	7	테슬라	자유 소비재	3.13
8	금융	0.57	8	알파벳 A	커뮤니케이션 서비스	3.10
9	에너지	0.53	9	알파벳 C	커뮤니케이션 서비스	3.09
10	부동산	0.27	10	어도비	정보기술	2.11

출처: 미래에셋증권

메타버스, AR 글래스, 로봇 관련 사업들로 인해 기술주 중심으로 성장할 가능성이 높아 보인다. 배당금 현황은 다음과 같다.

TIGER 나스닥 100 커버드 콜 ETF의 배당금

분배금 지급일	주당 분배율(%)	주당 분배금(원)
2023년 8월 2일	1.01	101
2023년 7월 4일	1.01	101
2023년 6월 2일	1.00	101
2023년 5월 3일	1.01	100
2023년 4월 4일	1.01	97
2023년 3월 3일	1.01	95
2023년 2월 2일	1.00	91
2023년 1월 3일	1.01	90
2022년 12월 2일	1.00	97

출처: 미래에셋증권

배당률과 배당성장률

TIGER 나스닥 100 커버드 콜 ETF는 2022년 12월부터 배당금을 지급하고 있지만 배당 성장은 이루어지지 않고 있다. 따라서 배당성장률을 0%로 설정한 다음 배당금 재투자 후 수익률까지 알아보자.

지급 기준연도	분배율(%)	배당성장률(%)
2022	12	0

1. 보유 자산: 3,000만 원으로 설정

2. 배당률: 12%로 설정

3. 배당성장률: 0%으로 설정

4. 월 추가 투입금: 50만 원으로 설정

5. 투입금 증가율: 0%으로 설정

6. 목표 월 배당금: 300만 원으로 설정

7. 배당소득 발생 지역: 대한민국으로 설정

8. 과세 여부: 과세 영역으로 설정

배당 재투자 계산

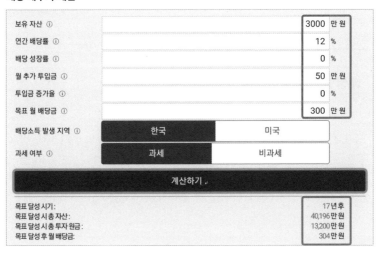

보유 자산 ⓘ	3000	만 원
연간 배당률 ⓘ	12	%
배당 성장률 ⓘ	0	%
월 추가 투입금 ⓘ	50	만 원
투입금 증가율 ⓘ	0	%
목표 월 배당금 ⓘ	300	만 원
배당소득 발생 지역 ⓘ	한국	미국
과세 여부 ⓘ	과세	비과세

계산하기 ↵

목표 달성 시기:	17년 후
목표 달성 시 총자산:	40,196만 원
목표 달성 시 총 투자 원금:	13,200만 원
목표 달성 후 월 배당금:	304만 원

결과 - 17년 후 월 304만 원 발생

(만 원)

기간(연)	연초 배당금	연말 보유 자산	누적 투자 원금	누적 재투자 배당금
1	305	3,905	3,600	305
2	396	4,901	4,200	701
3	498	5,998	4,800	1,198
4	609	7,207	5,400	1,807
5	732	8,539	6,000	2,539
6	867	10,006	6,600	3,406
7	1,016	11,622	7,200	4,422
8	1,180	13,402	7,800	5,602
9	1,361	15,362	8,400	6,962
10	1,560	17,522	9,000	8,522
11	1,779	19,901	9,600	10,301
12	2,020	22,521	10,200	12,321
13	2,286	25,407	10,800	14,607
14	2,579	28,587	11,400	17,187
15	2,902	32,089	12,000	20,089
16	3,258	35,946	12,600	23,346
17(목표 달성)	3,649	40,196	13,200	26,996

커버드 콜 방식의 투자는 지수가 상승했을 시 콜 옵션을 매도해 이익을 얻는 방식으로 나스닥 지수가 크게 상승해도 TIGER 나스닥 100 커버드 콜 ETF는 주가 상승을 따라가지 못한다. 따라서 나스닥 지수가 올라도 내가 가지고 있는 ETF는 수익이 나지 않을 수 있다. 하지

만 주식 시장의 마켓 타이밍은 예상할 수 없으므로 스트레스를 줄이고 주식시장의 위험을 피하기 위해서는 TIGER 나스닥 100 커버드 콜 ETF 방식도 고려해볼 만하다.

6

해외에 상장된 배당 ETF 재투자 시뮬레이션

　주식시장은 위기와 기회의 연속이다. 역사적으로 큰 위기는 반복되었고 많은 기업이 사라지고 등장하기를 반복해왔다. 이러한 위기 속에서 꾸준히 배당 성장을 이어온 기업들이 있다. 장기간 주주들에게 배당금을 지급한 기업들을 모아둔 ETF도 있다. 현재 50년 이상 배당을 해온 기업만도 28곳이며 20년 이상 배당을 해온 기업도 65곳이다. 해외 배당 ETF의 경우 미국에만 140개가 넘으며, 상장 기간이나 규모 면에서 전 세계적으로 가장 큰 시장이다. 그중 'U.S Dividend 100 Price return' 지수를 추종하는 SCHD는 장기간 배당 성장을 이루어낸 대표적인 배당 성장 ETF이다.

　대한민국에서도 다양하게 해외 배당 ETF에 투자할 수 있다. 미국 배당 ETF에 관심을 가지고 직접 투자하는 이유기도 하다. 배당 종목을 구성해 가치를 인정받는 배당 ETF 종목들의 종류가 다양하므로 각자의 투자 성향과 투자 목적에 맞춰 선택할 수 있다. 미국의 수많은 배당 ETF 중에서도 전 세계적으로 인기가 많은 배당 ETF를 소개하려 한다. 해외 ETF 사이트에 들어가 검색해 분석하기란 여간 어려운 일이 아니기에 '이자-ETF 비교 검색의 끝판왕' 애플리케이션에서 해외 ETF를 분석해볼 수 있다.

배당 성장 해외 ETF에 투자해보자

배당 성장주 SCHD(Schwab US Dividend Equity) ETF

해외 배당 ETF 중 가장 사랑받고 있는 종목 중 하나가 바로 SCHD ETF다. 장기간 지수 우상향과 배당 성장이 이루어졌으며 복리 수익을 누릴 수 있다. SCHD는 까다로운 종목 선정 기준을 통해 지속적이며 안정적으로 매년 배당성장률을 이어오고 있다. 배당금 투자는 배당률뿐만 아니라 배당성장률이 중요하다. 단기적 투자로는 배당금이 높은 상품이 좋을지 모르나 배당성장률이 높다면 장기 투자 시 훨씬 높은 이득을 얻을 수 있다. 개별 주식과 다르게 SCHD만의 조건에서 탈락한다면 종목 교체를 통해 조건에 맞는 종목을 자연스럽게 편입시킨다. 기준은 다음과 같다.

ETF 사용설명서

1. 배당수익률이 높은 종목에 투자한다.

2. 다우존스 U.S .Dividend 100 Index를 구성하는 종목이어야 한다.

3. 미국에 상장된 기업 중 최소 10년 연속 배당금을 지급해야 한다.

4. 유동 시가총액이 5억 달러 이상이어야 한다.

5. 배당수익률이 높은 종목을 평가해 포트폴리오에 편입시킨다.

6. 배당수익률 및 5년간 배당성장률을 살핀다.

7. 포트폴리오 조정은 분기별로 하며 매년 새롭게 검토한다.

8. 수정 시가총액 기반으로 편입 비중을 산정한다.

9. 개별 종목은 포트폴리오의 4%를 넘을 수 없으며 단일 섹터는 포트폴리오
   의 25%를 넘을 수 없다.

SCHD ETF의 주요 정보

주요 정보			
1일 최고가	77.17달러	52주 최고가	77.35달러
1일 최저가	76.23달러	최고가 대비	-1.44%
1일 거래액(원)	55.5억 원	52주 최저가	65.97달러
시작가	77.17달러	최저가 대비	+15.57%
시가총액(원)	70.5조 원	최초 설정일	2011년 10월 20일
운용보수(연)	0.06%	레버리지 비율	1x
분배율(연)	3.49%	운용사	슈왑

출처: 이자

SCHD의 포트폴리오

		보유 종목 수: 99개 상위 10개 종목 비중 총합: 42%		
순위	종목명	비율(%)	기업명
1	AVGO	4.84	브로드컴
2	ABBV	4.42	애브비
3	MRK	4.40	머크
4	AMGN	4.31	암젠
5	HD	4.18	홈디포
6	VZ	4.15	버라이즌
7	TXN	4.05	텍사스인스트루먼츠
8	CSCO	4.03	시스코
9	CVX	3.82	셰브론
10	KO	3.76	코카콜라

출처: 이자

　SCHD는 다우지수 100 인덱스를 추종하며 최소 10년 배당금 지급, 배당수익률 및 5년간 배당성장률 등을 관리해 투자자들에게 믿음을 주고 있다. 2011년부터 배당금 지급을 해왔고 꾸준히 배당성장률을 보이며 운용 보수 또한 저렴하다. 코카콜라, 셰브론, 시스코 등 세계적인 기업들이 포트폴리오 안에 구성되어 있다. 자신이 장기간 투자하는 기업이 과거부터 현재까지 시장 점유율이 높고 시장 장악력이 커 배당 지급이 꾸준하다면 믿고 투자해볼 만하지 않을까? 데이터를 통해 좀 더 구체적으로 알아보자.

SCHD ETF의 배당성장률

연도	배당금(달러)	성장률(%)
2023	2.658	3.48
2022	2.561	3.36
2021	2.249	2.95
2020	2.028	2.66
2019	1.724	2.26
2018	1.439	1.89
2017	1.346	1.76
2016	1.258	1.65
2015	1.147	1.50
2014	1.047	1.37
2013	0.904	1.18
2012	0.810	1.06
2011	0.122	1.16

출처: 이자

2011년 상장 이후 연평균 배당성장률은 11.09%를 달성했다. 이 추세라면 2025년에는 3.51달러의 배당금이 지급될 가능성이 높다. 과거의 데이터만 본다면 이만큼 훌륭한 배당 성장 ETF는 찾기 힘들 것이다.

SCHD의 보유 기간별 수익률

기간	보유 기간별 누적 수익률(%)	기간	보유 기간별 연평균 수익률(%)
1주	-0.21		
1개월	+0.14		
3개월	+13.17		
6개월	+2.27		
1년	+2.56	1년	+2.56
3년	+32.74	3년	+9.88
5년	+81.62	5년	+12.66
7년	+120.88	7년	+11.98
10년	+198.30	10년	+11.54
최대	+344.28	최대	+12.90
보유 기간별		연도별	

출처: 이자

　과거의 데이터를 바탕으로 노후 월급을 계산해보자. 3.6%의 배당률과 11.09%의 배당성장률을 설정한 다음 시뮬레이션을 해보자. SCHD 배당금 재투자 시 원금 3,000만 원을 투자한 이후 월 50만 원씩 매달 투자할 경우 16년 뒤에는 314만 원의 월 배당금이 발생하게 된다. 누적 투자 원금은 1억 2,600만 원이며 16년 이후 3억 원 정도의 자산 상승이 발생하게 된다.

1. 보유 자산: 3,000만 원으로 설정

2. 배당률: 3.6%로 설정

3. 배당성장률: 11.09%으로 설정

4. 월 추가 투입금: 50만 원으로 설정

5. 투입금 증가율: 0%으로 설정

6. 목표 월 배당금: 300만 원으로 설정

7. 배당소득 발생 지역: 미국으로 설정

8. 과세 여부: 과세 영역으로 설정

배당 재투자 계산

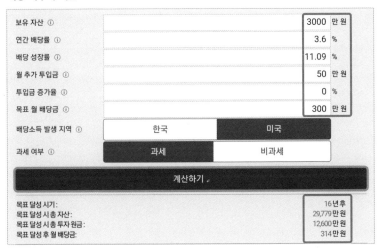

보유 자산 ⓘ		3000	만 원
연간 배당률 ⓘ		3.6	%
배당 성장률 ⓘ		11.09	%
월 추가 투입금 ⓘ		50	만 원
투입금 증가율 ⓘ		0	%
목표 월 배당금 ⓘ		300	만 원

| 배당소득 발생 지역 ⓘ | 한국 | 미국 |
| 과세 여부 ⓘ | 과세 | 비과세 |

계산하기 ↵

목표 달성 시기:	16년 후
목표 달성 시 총 자산:	29,779만 원
목표 달성 시 총 투자 원금:	12,600만 원
목표 달성 후 월 배당금:	314만 원

결과 - 16년 후 월 314만 원 발생

(만 원)

기간(연)	연초배당금	연말 보유 자산	누적 투자 원금	누적 재투자 배당금
1	92	3,692	3,600	92
2	125	4,417	4,200	217
3	167	5,184	4,800	384
4	217	6,002	5,400	602
5	280	6,881	6,000	881
6	356	7,838	6,600	1,238
7	451	8,888	7,200	1,688
8	568	10,056	7,800	2,256
9	714	11,370	8,400	2,970
10	897	12,866	9,000	3,866
11	1,127	14,593	9,600	4,993
12	1,420	16,614	10,200	6,414
13	1,796	19,009	10,800	8,209
14	2,283	21,892	11,400	10,492
15	2,921	25,413	12,000	13,413
16(목표 달성)	3,766	29,779	12,600	17,179

7

JEPI ETF
재투자 시뮬레이션

JEPI에 관심을 가져보자

월 배당 ETF 중에서 가장 사랑받는 ETF 중 하나인 JEPI_{JP Morgan}

_{Equity Premium Income} ETF의 경우 장단점이 명확하다. 높은 월 배당 지급

을 약속한다는 면에서는 매우 흡족하지만, 지수 상승이 이루어져도

커버드 콜로 운영되기 때문에 지수 상승분에 대한 권리를 포기하고

수익금을 배당한다. 즉, 주가가 오르더라도 옵션을 매도해 수익에 대

한 권리를 포기해 수익을 가져오는 구조기 때문에 주가 상승 시에는

시장 수익을 따라가지 못하는 단점이 있지만 연 8% 이상의 고배당을

추구하므로 단점을 상쇄한다. 또한 오래되고 경험이 많으며 세계 최

대의 자산운용사에서 운영하기에 믿고 투자할 수 있다.

월 배당금이 필요한 투자자에게 JEPI ETF는 장점으로 작용할 수 있다. 특정 날짜를 정해놓고 꾸준히 매수해나간다면 주가의 변동성에 크게 신경 쓰지 않아도 되기 때문이다. 개인 투자자가 개별 주식을 매매하며 10년 동안 8%의 수익을 낼 수 있을까? 직장인이라면 거의 불가능에 가까울 것이다. 그럼 월 배당 ETF는 어떨까? 꾸준히 분할 매수를 한다면 배당금을 받아 재투자에 사용할 수 있다. 매달 규칙적으로 투자해보고, 노동 소득으로 모은 시드머니는 따로 모아놓는다. 이때 모아둔 금액은 주식을 저가에 매집하는 기회로 이용한다면 주가 상승분에 대한 단점을 보완할 수 있다. 세상에 완벽한 ETF는 존재하지 않는다. 단지 각자의 상황에 맞는 ETF를 찾아내는 것이 합리적이다.

JEPI는 6%에서 10%의 연 배당 지급을 목표로 하는 ETF다. 이중 주

JEPI ETF의 주요 정보

주요 정보			
1일 최고가	56.31달러	52주 최고가	56.15달러
1일 최저가	56.06달러	최고가 대비	0.07%
1일 거래액(원)	55.5억 원	52주 최저가	47.48달러
시작가	56.16달러	최저가 대비	+18.34%
시가총액(원)	42.2조 원	최초 설정일	2020년 5월 21일
운용보수(연)	0.35%	레버리지 비율	1x
분배율(연)	7.84%	운용사	JP 모건

출처: 이자

ETF 사용설명서

식 배당으로 1%~2% 배당금을 확보하고 나머지 5%~8%를 옵션 프리미엄인 커버드 콜 방식으로 배당금을 지급하고 있으며 현재까지는 상장 이후 꾸준히 배당금 지급을 지켜나가고 있다. 현재 커버드 콜 방식의 고배당 관련 ETF로는 XYLD ETF, QYLD ETF, JEPQ ETF 등이 있으나 시가총액에서 유동성 흐름이 가장 좋은 JEPI ETF가 꾸준히 성장하고 있어 사랑받는다.

세계적 금융사 JP 모건이 운영하는 JEPI는 미국 시가총액 상위 500개 기업의 주식을 매수하고, 이 주식에 대한 콜 옵션 매도 전략을 취하고 있다. 커버드 콜 방식은 주식을 매수하고 동시에 콜 옵션을 매도하는 합성 전략을 사용한다. JEPI 수익 창출 구조는 다음과 같다.

1. 저평가 주식을 매수하고 평가가 높아지면 매도해 수익을 창출한다.
2. 보유 종목의 배당금을 지급한다.
3. 주식 연계 채권을 통한 커버드 콜 방식으로 수익을 창출한다.
4. 앞선 방식을 바탕으로 연 6%에서 10% 배당금 지급을 목표로 한다.

JEPI ETF의 업종 비중

| | 보유 종목 수: 507개 | | |
| | 상위 10개 종목 비중 총합: 31% | | |
순위	종목명	비율(%)	기업명
1	MSFT	7.27	마이크로소프트
2	AAPL	6.62	애플
3	NVDA	3.77	엔비디아
4	AMZN	3.51	아마존
5	META	2.12	메타
6	GOOGL	2.02	알파벳 A
7	GOOG	1.72	알파벳 C
8	BRK-B	1.70	버크셔헤서웨이
9	AVGO	1.28	브로드컴
10	LLY	1.28	일라이릴리

출처: 이자

JEPI ETF의 보유 기간별 수익률

기간	보유 기간별 누적 수익률(%)	기간	보유 기간별 연평균 수익률(%)
1주	+0.99		
1개월	+2.49		
3개월	+7.48		
6개월	+5.63		
1년	+11.03	1년	+11.02
3년	+31.97	3년	+8.97
최대	+57.00	최대	+12.95
보유 기간별		연도별	

출처: 이자

ETF 사용설명서

JEPI의 일일 거래량은 55억 5,000만 원이고, 시가총액은 42조 원으로 유동성이 풍부하다. 최초 설정일은 2020년 5월로 상대적으로 QYLD에 비하면 데이터가 부족한 점은 아쉽다. 보유 종목은 507개로 다양한 분산 투자가 이루어지고 있으며 마이크로소프트, 애플, 엔비디아 등 상위 10개 종목의 기술주 비중이 전체의 31%를 차지하고 있다.

JEPI ETF의 5년 평균 배당률

연도	배당금(달러)	배당률(%)
2024	0.301	0.53
2023	4.618	8.21
2022	6.362	11.32
2021	4.161	7.40
2020	3.230	5.74

출처: 이자

JEPI의 장점은 높은 배당률이다. 5년 평균 배당률은 8.97%이었으며, 상장 이후 누적수익률 또한 57%다. 굉장히 높은 복리 수익률이지만 표본 데이터가 적은 것이 아쉽다. 배당금 지급에 문제가 발생한다면 QYLD나 다른 월 배당 ETF 투자도 고려해봐야 한다. 다만 데이터 분석을 통해 얻은 배당률인 8.97%로 설정하고 배당성장률은 0%로 설정한 뒤 배당금 재투자 후 수익까지 확인해보자.

1. 보유 자산: 3,000만 원으로 설정

2. 배당률: 8.97%로 설정

3. 배당성장률: 0%으로 설정

4. 월 추가 투입금: 50만 원으로 설정

5. 투입금 증가율: 0%으로 설정

6. 목표 월 배당금: 300만 원으로 설정

7. 배당소득 발생 지역: 미국으로 설정

8. 과세 여부: 과세 영역으로 설정

이 경우 SCHD의 16년에 비해, 24년으로 다소 길어졌다. JEPI는 월 배당 ETF기 때문에 배당성장률을 0%로 설정할 수밖에 없기 때문이다. 하지만 노후 월급이 필요한 사람에게는 월 배당 ETF 비중을 높여가는 것이 좋아 보인다. 30대에 시작한다면 복리 수익이 극대화되는 ETF 투자 비중을 높이는 게 바람직하고 당장 현금 흐름이 필요한 투자자는 월 배당 ETF 투자 비중을 높여가는 방식을 고려해야 한다.

배당 재투자 계산

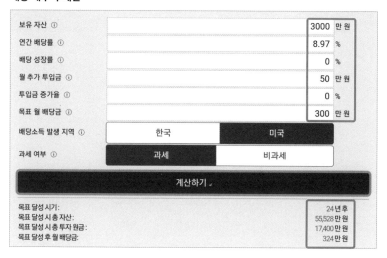

보유 자산 ⓘ		3000	만 원
연간 배당률 ⓘ		8.97	%
배당 성장률 ⓘ		0	%
월 추가 투입금 ⓘ		50	만 원
투입금 증가율 ⓘ		0	%
목표 월 배당금 ⓘ		300	만 원

| 배당소득 발생 지역 ⓘ | 한국 | 미국 |
| 과세 여부 ⓘ | 과세 | 비과세 |

계산하기 ↵

목표 달성 시기:	24년 후
목표 달성 시 총 자산:	55,528 만 원
목표 달성 시 총 투자 원금:	17,400 만 원
목표 달성후 월 배당금:	324 만 원

결과 - 24년 후 월 324만 원 발생

(만 원)

기간(연)	연초 배당금	연말 보유 자산	누적 투자 원금	누적 재투자 배당금
1	229	3,829	3,600	229
2	292	4,721	4,200	521
3	360	5,681	4,800	881
4	433	6,714	5,400	1,314
5	512	7,826	6,000	1,826
6	597	9,022	6,600	2,422
7	688	10,310	7,200	3,110
8	786	11,696	7,800	3,896
9	892	13,188	8,400	4,788
10	1,006	14,794	9,000	5,794
11	1,128	16,521	9,600	6,921
12	1,260	18,381	10,200	8,181
13	1,401	20,383	10,800	9,583
14	1,554	22,537	11,400	11,137
15	1,718	24,855	12,000	12,855
16	1,895	27,350	12,600	14,750
17	2,085	30,035	13,200	16,835
18	2,290	32,925	13,800	19,125
19	2,510	36,036	14,400	21,636
20	2,748	39,383	15,000	24,383
21	3,003	42,986	15,600	27,386
22	3,277	46,864	16,200	30,664
23	3,573	51,037	16,800	34,237
24(목표 달성)	3,891	55,528	17,400	38,128

ETF 사용설명서

5장

3050을 위한
똑똑한 ETF 투자 노하우
TOP 8

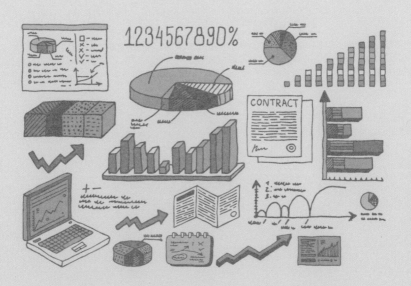

1

30대 직장인 ETF 투자
80 대 20 법칙

연수입이 5,000만 원인 두 사람이 있다. A는 회사를 다니기에 매달 400만 원을 벌고 B는 자영업을 하기에 수입이 들쭉날쭉하다. 어느 달은 1,000만 원 넘게 벌기도 하지만 다른 달에는 한 푼도 벌지 못한다. 두 사람 모두 매년 5,000만 원의 수입이 생기지만 돈의 힘은 서로 다르다. 수입이 일정하다는 것은 그 수입의 질이 비정규적인 수입보다 좋다는 뜻이다. 돈이 일정하게 들어온다는 것은 경찰이나 군인 수백 명이 수만 명의 군중을 효율적으로 통제하는 것과 같다. 이 흐름이 거친 인생을 통제할 수 있는 상태를 만들어준다. 김승호의《돈의 속성》에 나오는 이야기다.

우리는 보통 20대에서 30대에 취직해 50대가 되면 은퇴를 할 수밖에 없다. 퇴직 평균 연령은 49.5세라고 한다. 조금 더 길게 보고 55세에 은퇴한다고 설정하면 30대에게는 25년의 시간이 남아 있고 40대에게는 15년이, 50대에게는 몇 년 남지 않은 상황이다. 50대는 발등에 불이 붙은 것처럼 은퇴 이후의 삶에 대해 노심초사할 수밖에 없다. 30대나 40대는 50대보다 여유 있어 보이지만 명확한 목표 없이는 무의미한 시간만 보내게 된다.

만약 은퇴 후에도 꾸준히 들어오는 500만 원이 있다면 은퇴 후에도 풍족한 삶을 살 수 있다. 30대와 40대는 돈이 많이 들어가는 시기인 만큼, 월급 500만 원은 때로 빠듯하게 느껴진다. 반면 노후에 매달 받는 500만 원은 다르다. 집과 자동차 크기는 노후에 맞춰 줄여나갈 수 있다. 지출 규모도 줄어들게 된다. 노후에 꾸준히 들어오는 500만 원은 1,000만 원 이상의 힘과 자신감을 심어준다.

게다가 시간이 지날수록 인플레이션으로 인해 돈의 가치는 떨어진다. 내 현금이 2% 이율로 은행에 머물러 있다면 인플레이션으로 인해 돈의 가치는 미래에 점점 더 하락하게 된다. 현재 1억 원의 가치는 10년 뒤, 20년 뒤의 1억 원보다 낮아진다. 원자재 가격의 상승으로 상품 가격은 계속해서 올라가기 때문에 1억 원으로 살 수 있는 상품의 가치는 점점 더 떨어지게 된다. 투자를 통한 인플레이션 헤지는 필수가 되었다. 인플레이션 상승보다 더 나은 결과를 도출하고 안정적인 삶을 쟁취하기 위해서는 배당 재투자를 통한 노후 준비가 필요하다.

시간은 공짜가 아니며 누구에게 공평하게 주어진다. 부자라고 시간을 더 가질 수도 없다. 공평하게 주어진 시간을 누가 더 잘 이용하는가에 따라 노후에 큰 차이가 날 수 있다. 노후의 삶을 노동으로만 버텨나 간다면 어느 순간 한계에 봉착할 수밖에 없다. 아무런 준비가 되어 있지 않으면 노후 빈곤에 시달릴 수밖에 없다. 하지만 배당금 재투자를 통해 안정적인 노후 월급을 만든다면 은퇴 후의 노동은 내가 선택할 수 있다. 선택지 없이 자영업에 뛰어드는 것이 아니라 선택지를 두 손에 들고 주도적인 삶을 스스로 설계할 수 있다.

앞서 우리는 10년 뒤, 20년 뒤 시간의 복리를 이용했을 경우 어떠한 결과가 미래에 도출되는지 확인해볼 수 있었다. 과거를 교훈 삼아 미래를 긍정적으로 바라보고, 지수는 우상향한다는 전제하에 미래를 위해 투자하면 좋은 결과를 만들 수 있다. 자녀의 도움을 받아야 하는 가난한 부모가 아니라 당당하게 노후를 살아가는 모습을 보여줄 수 있다. 자식 또한 부모를 보고 배우며 준비해나가는 삶을 살아가게 될 것이다. 지금 당장 배당 재투자를 통해 세대별로 노후 준비를 해보자.

배당과 배당 성장 ETF 80% + 고배당 ETF 20%

입사한 지 얼마 되지도 않은 30대부터 노후를 준비해야 하는지 반문할 수 있다. 따라서 30대 직장인은 미래를 설계해나간다는 마음가짐으로 배당 투자를 해볼 수 있다. 사실 30대보다 더 젊을 때부터 미래를 설계하는 이들도 있는 만큼, 30대가 아주 빠른 것도 아니다. 만약 30대 직장인이나 자영업자라면, 당장 적은 금액이라도 계좌를 개설하고 시도해보자.

ETF의 경우 1만 원이면 주식 한 주를 살 수 있기 때문에 월 10만 원씩이라도 1년 정도 투자해보고 배당금이 직접 들어오는 것을 경험해보자. ETF를 통해 세계 경제의 흐름을 배우고 어떻게 변화해나가는지 확인한다면 금융 지식 또한 성장할 것이다. 확신이 생길 때 금액을 늘려나가면 된다. 작은 성공이 내 인생의 큰 성공으로 바뀔 수 있다.

배당 재투자를 통한 노후 준비는 시간의 복리를 최대한 활용하는 쪽이 승리자가 될 수 있다. 30대에 시작한다면 남들보다 앞선 출발선에서 마라톤을 시작하는 것과 같다. 중간에 조금 실패하더라도 회복할 시간이 충분하다. 지수 우상향과 복리의 힘을 이해하고 꾸준히 들어오는 돈의 힘에 대해 이해했다면 30대는 시간을 이용해 노후를 준비해나가야 한다.

배당과 배당 성장 ETF 80% + 고배당 ETF 20%

국내 상장 해외 ETF	해외 ETF	국내 상장 해외 ETF	해외 ETF
배당 + 배당 성장 ETF 80%		고배당 ETF 20%	
SOL 미국 배당 다우존스 SOL 미국 배당 다우존스(H)	SCHD	TIGER 나스닥 100 커버드 콜 (합성)	JEPI

30대부터 배당 ETF에 투자한다면 복리 수익을 극대화할 수 있는 상품 비중을 높여야 한다. 따라서 80%는 배당 성장성이 높은 상품에 투자하는 것이 유리하다. 미국에 직접 투자하고 싶다면 SCHD가 있으며, 국내에 SCHD와 같은 ETF 중에는 대표적으로 SOL 미국 배당 다우존스 상품이 있다. 국내 계좌에 투자한다면 국내에 상장된 해외 ETF에 투자할 수 있다.

환율 변화에 신경쓰지 않고 투자하고 싶다면 환 헤지가 가능한 SOL 미국 배당 다우존스(H) 상품이 있다. 환 헤지 상품은 달러의 변동성과 상관없이 다우지수만을 추종해 움직인다. 달러의 변동성을 생각하면 환 헤지 상품 또한 고려해볼 수는 있으나 환 헤지 수수료가 조금 더 붙는다는 점을 알고 투자해야 한다.

장기 투자를 하게 되면 투자에 대한 감각과 목표 달성에 대한 지루함이 발생하게 된다. 단기 목표가 있고 성과가 있다는 것은 노후를 준비해나가는 동기 부여로 작용한다. 매달 배당금이 들어오는 즐거움은 상당하다. 당장 쓰지는 않지만, 돈이 자동으로 불어나는 복리의 효과를 느끼면서 배당금을 재투자하고 노후를 분명하게 설계하는 데 도움이 된다. 그렇기 때문에 월 배당 ETF에 20% 정도 투자해보는 것도 추천한다. 또는 월 배당 ETF에서 발생한 배당금을 배당 성장 ETF에 옮겨 재투자해도 된다. 자산 재분배를 통해 어떤 투자가 효과적인지 비교할 수 있다.

80 대 20 비율로 투자를 정했다면 국내에 상장된 해외 ETF와 해외에 상장된 ETF 간에 세금 차이가 있다는 점도 짚고 넘어가야 한다. 분배금 과세의 경우 배당소득세는 같다. 하지만 15.4%의 매매 차익 과세가 발생한다. 국내에 상장된 해외 ETF의 경우 매매 차익 과세가 발생하고 해외에 상장된 ETF의 경우 250만 원까지 기본 공제된 후 22%의 양도소득세가 발생하게 된다. 하지만 금융소득 종합과세 대상 여부에서는 국내에 상장된 ETF의 경우 분배금뿐만 아니라 매매 차익까지 과세로 인정되기 때문에 2,000만 원 이상 소득이 발생할 경우 국내에 상장된 해외 ETF가 불리할 수 있다.

이처럼 투자하는 데 있어 사람마다 편차가 있고 투자 비중이 다르므로 각자 스타일에 맞춰 투자하면 된다. 30대의 배당 ETF의 투자

국내에 상장된 해외 ETF vs 해외에 상장된 ETF의 과세 비교

구분	국내 상장 해외 ETF	해외 상장 ETF
매매 차익 과세	배당소득세 15.4%	250만 원까지 기본 공제 후 양도소득세(22%) 적용
분배금 과세	배당소득세 15.4%	
금융소득 종합과세대상 여부	매매 차익+분배금 합산	분배금만 합산

ETF 사용설명서

핵심은 시간이다. 꾸준히 성장하면서 배당금이 높은 상품일수록 노후에 받을 수 있는 배당금이 늘어나게 된다는 점을 잊지 말고 투자해야 한다.

- 국내 상장 ETF의 조합: SOL 미국 배당 다우존스 + TIGER 나스닥 100 커버드 콜(합성)
- 해외 상장 ETF의 조합: SCHD + JEPI

2

40대 직장인 ETF 투자
60 대 40 법칙

배당과 배당 성장 ETF 60% + 고배당 ETF 40%

40대 직장인인 나 역시 평일에는 회사 일에 집중하고 있고 퇴근 후에는 육아를 한다. 이번 주에는 아이와 키즈카페에 왔다. 아이는 친구들과 즐겁게 놀고 나는 책을 쓰면서 틈틈이 아이와 함께한다. 머리조차 자르러 갈 여유가 없어, 오후에는 큰 맘 먹고 머리를 자르러 나왔다.

단골 미용실 사장님과 이런저런 이야기를 하다 하소연을 듣게 된다. 인건비도 오른 데다 가게 월세까지 내면 남는 게 별로 없다는 것이다. 미용실이라 그나마 마진율이 높지만, 옆 식당들은 수익이 적을 텐데 뭐가 남는지 모르겠다며 걱정이 크다. 주변 상가를 둘러보니 점포 두 곳이 바뀌어 있었다. 장사가 안 되다 보니 폐업률 속도가 점점 빨라

배당과 배당 성장 ETF 60% + 고배당 ETF 40%

국내 상장 해외 ETF	해외 ETF	국내 상장 해외 ETF	해외 ETF
배당 + 배당 성장 ETF 60%		고배당 ETF 40%	
SOL 미국 배당 다우존스 SOL 미국 배당 다우존스(H)	SCHD	TIGER 나스닥 100 커버드 콜 (합성)	JEPI

지는 게 보인다. 내가 다닌 미용실은 10년 내내 건재했지만 이곳을 제외하고는 수시로 가게가 바뀌었다.

직장을 은퇴하고 준비 없이 자영업에 뛰어든다면 실패 확률이 높을 수밖에 없다. 은퇴 자금을 바탕으로 이것저것 끌어모아 호기롭게 시작했지만, 세상은 그렇게 녹록지 않다. 40대의 투자도 그렇다.

40대는 시간과 성과라는 두 마리 토끼를 잡아가는 투자를 해야 한다. 조금 더 공격적인 투자를 통해서 노후를 준비해나가야 한다. 배당과 배당 성장 ETF에 60%+고배당 ETF에 40% 정도 투자하는 방식을 추천한다. 배당 성장 ETF 성과가 더 좋다면 좀 더 큰 비중으로 가져갈 수도 있다. 적어도 기본은 60대 40 정도로, 각자의 투자 성향에 맞춰 비중을 옮기는 것을 추천한다.

> • **국내 상장 ETF의 조합**: SOL 미국 배당 다우존스 + TIGER 나스닥 100 커버드 콜(합성)
>
> • **해외 상장 ETF의 조합**: SCHD + JEPI

3

50대 직장인 ETF 투자
30 대 70 법칙

배당과 배당 성장 ETF 30% + 고배당 ETF 70%

우리는 살면서 내 삶에 위기가 오지 않으리라 생각하고 살아간다. 하지만 인생은 우리가 생각했던 것만큼 녹록지 않다. 파도를 넘듯이 산을 하나하나 넘다 보면 미래를 준비할 여유조차 없다. 눈을 떠보니 어느새 50대가 되어 있다. 이 나이까지 정말 열심히 산 것 같은데 남아 있는 것은 별로 없고 부담감만이 나를 짓누른다. 진짜 위기는 위기를 모른다는 것이고 더 큰 위기는 위기를 알면서도 아무것도 하지 않는다는 것이다.

50대라면 자신을 객관적으로 바라보고, 위기를 분석하고, 변화하려 노력해야 한다. 이제는 은퇴까지 길어야 10년이다. 하지만 내일 당장

배당과 배당 성장 ETF 30% + 고배당 ETF 70%

국내 상장 해외 ETF	해외 ETF	국내 상장 해외 ETF	해외 ETF
배당 + 배당 성장 ETF 30%		고배당 ETF 70%	
SOL 미국 배당 다우존스 SOL 미국 배당 다우존스(H)	SCHD	TIGER 나스닥 100 커버드 콜 (합성)	JEPI

홀로 회사 울타리를 벗어나 사회에 직접 부딪혀야 하는 것은 아니다. 몇 년이라는 시간은 길다고 생각하면 길고, 짧다면 짧을 수 있다. 위기를 인지했다면 남은 시간을 치열하게 고민하고 바로 행동에 옮겨야 한다. 더 이상 뒤로 미룰 수 있는 시간은 없다. 50대는 각자의 재무 상태를 분석하고 은퇴 전까지 남아 있는 시간을 효율적으로 사용해야 한다.

40대까지는 배당금 재투자를 이용한 노후 준비가 가능하지만 50대는 산술적으로 조금 늦었다. 만약 은퇴 자금과 배당금으로 일정 부분 생활이 가능하다면 은퇴 후에 자영업에 뛰어들 것인지 아니면 어느 정도 수준에서 배당금을 가지고 생활을 할 것인지는 스스로 판단해야 한다. 하지만 한 가지 선택지만 들고 있다면 그만큼 불안한 게 없다. 50대에게는 '배당과 배당 성장 ETF에 30% + 고배당 ETF에 70%' 비율의 투자를 제안한다. 하지만 50대에게는 노후 월급이 당장 필요하다. 은퇴 후에 목돈이 있을 수도 있고 없을 수도 있으므로 배당금 재투자는 자유롭게 선택할 수 있다.

적어도 준비 없는 장사는 하지 말자. 만약 은퇴까지 3년 정도 남아 있다면 짧은 시간은 아니다. 충분히 고민하고 철저히 준비해나간다면 걱정할 필요 없다. 요식업을 해보고 싶다면 관련 서적을 읽고 공부해야 한다. 기존 회사에서 하던 일을 은퇴 후에 확장해 개인 사업으로 준비해나간다면 시뮬레이션을 통해 단점을 보완하고 경쟁력을 높일 수 있는 방법을 고민한 다음 전문성을 더 높여야 한다.

배당금 재투자로 노후를 준비해나가고 싶다면 네 가지를 실천해보자. 첫째, 공부를 시작하자. 둘째, 계좌를 개설해보자. 셋째, 자산과 시간 대비 배당금 재투자 방식이 적합한지 분석해보자. 넷째, 분석한 내용이 자신과 도저히 맞지 않는다면 다른 방식을 준비하자. 배당과 배당 성장 추종 ETF에 30% + 고배당 ETF에 70%의 자산을 배치하는 방식도 고려해보자.

고배당 ETF는 월 배당 ETF로서, 연 10% 수익을 추종하는 ETF에 투자한다. 배당금으로 노후 월급을 받으려면 초기 투자에 목돈이 필요하다. 준비 자금이 부족하다면 현재 자산을 분산 투자하는 방법을 고려하는 동시에 다른 노후 대비 방법도 준비해나가야 한다. 자영업과 전문업 둘 다 준비해나가야 한다. 다만 준비 없이 뛰어든다면 필패할 수밖에 없다. 더 많은 고민이 필요한 시기다.

- **국내 상장 ETF의 조합**: SOL 미국 배당 다우존스 + TIGER 나스닥 100 커버드 콜(합성)
- **해외 상장 ETF의 조합**: SCHD + JEPI

4

ETF 세금까지 챙겨야
성공 투자다

증권거래세

주식을 매매할 때는 증권거래세를 내야 한다. 이는 주식 매매 시 국가에 지불하는 세금으로 증권사의 거래 수수료와는 별개다. 현재 삼성전자, 현대자동차, POSCO홀딩스, 애플, 아마존, 엔비디아와 같은 개별 주식을 거래한다면 0.18%의 증권거래세가 부과되지만, 현재 국내와 해외 ETF에 대해서는 증권거래세가 부과되지 않는다. 그 특징은 다음과 같다.

양도소득세 및 배당소득세(분배금)

국내		해외
국내 주식형 ETF	국내 기타 ETF (해외 지수, 파생형, 채권, 원자재 등)	해외 ETF
KODEX 200 TIGER 200 ARIRANG 고배당주	TIGER 미국 S&P 500 KODEX 레버리지 KODEX WTI 원유 선물(H)	SPY QQQ SCHD VOO

- 국내 주식형 ETF: 주로 국내 주식에 투자하는 상품으로 3분의 2 이상이 국내 주식으로 이뤄져야 한다.
- 국내 기타 ETF: 채권, 원자재, 해외 주식, 파생상품 등으로 구성되어 있다.
- 해외 ETF: 미국 주식에 투자하는 상품으로 구성된 모든 ETF를 말한다.

배당소득세는 배당금에 부과되는 세금이다. 양도소득세는 주식 혹은 ETF를 매도할 때 발생하는 세금이다. 국내 ETF의 경우 배당금의 15.4%가 배당소득세로 부과되며, 해외 ETF의 경우 15%가 배당소득세로 원천징수되어 최종 입금된다.

국내 주식형 ETF의 경우에는 개별 주식과 마찬가지로 양도소득세가 면제되지만 국내 기타 ETF의 경우는 양도소득세가 15.4% 부과된다. 국내 기타 ETF의 경우 2,000만 원 이상의 시세 차익이 발생한다면 금융소득 종합과세 대상에 포함된다. 해외 ETF에 직접 투자할 경우 양도소득세는 22%가 부과되고 이는 해외 개별 주식에 투자 시에 부과되는 양도소득세와 같다. 250만 원의 수익까지는 공제되고 250만 원 이상의 수익에 대해서는 세금이 부과된다.

손익과세

미국에 상장된 ETF의 경우 총 수익 250만 원까지는 세금이 면제되는 방식을 손익과세라고 한다. 만약 A라는 ETF에 대해서 500만 원의 수익이 발생하고, 그다음 매매한 B라는 ETF에서 300만 원의 손해가 발생했다면 둘의 손익을 합쳐 총 200만 원의 수익이 발생하게 되어, 과세 면제 구간에 해당하게 된다. 총 수익이 250만 원이 넘지 않았기에 22% 해당하는 세금이 부과되지 않는다.

국내 및 해외 ETF 과세 비교표

	국내 주식형 ETF	국내 기타 ETF	해외 ETF
증권거래세	없음	없음	없음
배당소득세(분배금)	15.4%	15.4%	15%
양도소득세	비과세	시세차익의 15.4%	22%(250만 원 공제)
손익과세	해당 없음	해당 없음	손익과세 적용
금융소득 종합과세	포함 안 됨	2,000만 원 이상의 수익 발생 시	포함 안 됨

하지만 국내 기타 ETF의 경우 손익과세가 적용되지 않아, 최종적으로 손해를 보았어도 매매 차익에 대한 세금이 부과된다. 국내 주식형 ETF의 경우 3분의 2 이상이 국내 주식으로 이루어져 있으므로, 국내 주식과 마찬가지로 비과세가 적용된다. 참고로 해외 ETF는 금융소득 종합과세 대상이 아니다.

ETF 상장폐지 조건과 절차

ETF 또한 주식과 마찬가지로 상장폐지 가능성이 있지만 주식과는 조금 차이가 있다. 그 조건은 다음과 같다.

- ETF 순자산 총액이 일정 규모(50억 원) 이하로 1개월 이상 유지될 경우
- 유동성 공급자(LP)의 역할이 심각할 정도의 수준일 경우
- ETF의 순자산 가치와 기초 지수의 차이(추적오차)가 지속해서 너무 클 경우
- ETF의 순자산 가치와 거래 가격의 차이(가격괴리율)가 지속해서 너무 클 경우

ETF 상장폐지가 확정되면, 홈페이지를 통해 상장폐지 이유와 시점을 공지하게 된다. 투자자들은 상장폐지 시점 전 영업일까지 해당 ETF를 매도할 수 있다. 그 이전까지 매도하지 않을 경우, ETF 상장폐지일을 기준으로 ETF의 순자산 가치에서 보수 등을 뺀 금액을 돌려

받게 된다. 일반적으로 기업의 실적이 심각할 정도로 나쁜 수준이거나, 기업이 부도 처리 될 경우에 주식이 상장폐지되지만, ETF가 그 역할을 제대로 하지 못하고 있을 때에도 상장폐지를 하게 된다. ETF가 상장폐지하게 되더라도 ETF가 담고 있는 종목의 가치는 그대로 유지된다.

5

연금저축,
그냥 두면 똥 된다

연금저축 계좌를 이용하면 절세 혜택 및 연말정산 환급을 받을 수 있어 노후 대책으로 자주 권장된다. 게다가 증권사에서 간단하게 개설할 수 있고 가입 연령에 제한도 없다. 그렇다면 정부는 왜 연금저축 계좌 개설을 적극적으로 권장할까?

우리나라는 3단계 연금 제도를 통해 은퇴 이후의 노후를 대비하게 한다. 1단계는 국민연금, 2단계는 퇴직연금이다. 하지만 이 정도로는 은퇴 후 여유 있게 살아가기 힘들다. 그래서 3단계인 개인연금(연금저축 펀드)을 통해 개인이 노후를 준비하도록 권한다. 3단계까지 준비가 잘되어 있다면 국가적 비용을 최소화하는 효과를 누릴 수 있고 개인 또한 안정적인 노후를 보낼 수 있게 되니 국가와 개인 모두에게 좋은 전략이다. 납부 한도와 세액공제율은 다음과 같다.

ETF 사용설명서

연금저축 납부 한도 및 세액공제율

총 급여액/종합소득 금액	납부 한도	세액공제율
5,500만 원/4,500만 원 이하	600만 원	16.5%
5,500만 원/4,500만 원 초과		13.2%

　연금저축 세액공제 납부 한도는 최대 600만 원이며 매달 50만 원씩 납부할 경우 600만 원의 한도를 채울 수 있다. 예를 들어, 연봉이 5,500만 원 이하거나 종합소득이 4,500만 원 이하일 경우 연간 600만 원을 납부하면 16.5%를 환급받게 된다(약 99만 원).

　연봉이 5,500만 원 이상이거나 종합소득이 4,500만 원을 초과하는 사람이 연간 600만 원을 납부할 경우 연말정산을 통해 13.2%를 환급받게 된다(약 79만 2,000원). 만약 퇴직연금 계좌(IRP)와 혼합해 사용할 경우 최대 900만 원까지 세액공제를 받을 수 있다(IRP에 대한 설명은 뒤에서 더 자세히 다룬다).

　세액공제율은 같으므로 소득에 여유가 있다면 둘 다 운영해 900만 원의 최대 세액공제를 받는 게 효과적이다. 또한, 900만 원을 초과하더라도 1년에 1,800만 원까지 납부 가능하며 중도에 해지하는 경우가 생기면 900만 원을 뺀 나머지 금액은 세금 없이 자유롭게 입출금이 가능하다.

　또한 연봉이 5,500만 원 이하거나 종합소득이 4,500만 원 이하인 사람이 연간 900만 원을 납부할 경우 16.5%를 환급받게 된다(약 148만

연금저축 + IRP 합산 시 납부 한도 및 세액공제율

총 급여액/종합소득 금액	납부 한도	세액공제율
5,500만 원/4,500만 원 이하	900만 원	16.5%
5,500만 원/4,500만 원 초과		13.2%

5,000원). 연봉이 5,500만 원을 초과하거나 종합소득이 4,500만 원을 초과하는 경우 연간 900만 원을 납부하면 13.2%를 환급받게 된다(약 118만 8,000만 원).

하지만 매년 600만 원에서 900만 원을 내기는 쉽지 않을 수도 있다. 그러므로 자신의 소득을 바탕으로 실제 납입할 수 있는 금액이 얼마인지 산정해야 한다. 중도 해지 시 지금까지 받았던 세액공제 금액 이상을 부과받을 수 있기 때문이다.

연금저축 펀드는 중도 해지 시 세액공제를 받을 때 납부했던 금액과 운용하며 얻게 된 수익의 16.5%를 기타 소득세로 납부하게 된다. 연금저축 펀드란 단기간에 끝나는 것이 아니라 노후를 보장받기 위한 것인 만큼 납입 금액을 차츰 늘려가는 것이 좋다. 또한, 세액공제를 받지 않은 금액을 제외한 잔여 금액에는 기타 소득세가 부과된다. 다만 급하게 중도 해지해야 하는 경우 연금저축 계좌를 담보로 대출도 받을 수 있으므로 참고하자. 2024년 기준으로 연금은 만 55세 이후 수령할 수 있고, 가입일로부터 5년 후부터 인출이 가능하다. 연금은 10년 이상 분할해 수령할 수 있다.

연금 수령 조건

- 만 55세 이후 수령 가능
- 가입일로부터 5년 후 인출 가능
- 10년 이상 분할해 연금 수령 가능

최근 연금저축 펀드 ETF 상품을 통해 노후를 준비하는 사람들이 늘고 있다. 세금 이연 효과를 누릴 수 있기 때문이다. 국내 주식형 ETF에만 투자한다면 매매 차익에 대한 과세가 이뤄지지 않는다. 하지만 국내에 상장된 기타 ETF의 경우 매매 차익에 대한 15.4% 과세가 이루어지며 배당까지 받게 된다면 배당소득세도 15.4%가 부과된다.

예를 들어 SOL 미국 배당 다우존스(H)에 투자했을 경우 배당금에 대한 배당소득세 15.4%가 부과되는데 이후 매매하게 되어 100만 원의 매매 차익이 발생했다면 15.4%의 매매 차익이 발생하게 된다. 하지만 연금저축 펀드 중 국내에 상장된 기타 ETF의 경우 매매 차익과 분배금 과세가 면제되어 연금 개시 전까지 과세가 이연되는 효과를 누릴 수 있다.

과세 이연 효과가 작다고 느낄 수도 있지만 55세 이후 연금을 찾을 수 있다고 생각하면 40세부터는 15년을 납입해야 가능하므로 과세 이연 효과도 챙겨두면 복리 수익을 극대화할 수 있다. 과세 이연 제도는 연금저축 펀드의 큰 장점 중 하나다. 하지만 과세가 미뤄졌다고 비과세가 되는 건 아니다. 노후를 잘 준비했다면 나라에서는 저율과세 혜택을 준다.

연금저축 펀드 ETF의 매매 제약 조건

• 파생형 ETF(레버리지, 인버스 등), 투기성 매매 불가

• 개별 투자 매매 불가

• 해외 상장 ETF 매매 불가

연금저축 펀드를 통한 ETF 매입 시 세금 이연 효과

구분	국내 주식형 ETF	국내 상장 기타 ETF	해외 상장 ETF
분류	국내에 상상되어 있으면서 국내 주식으로만 구성된 ETF	국내 주식형 ETF를 제외한 국내 상장 ETF (채권, 해외 주식, 원자재, 파생상품)	해외에 상장된 ETF
예시	KODEX 200	KODEX 레버리지 SOL 미국 배당 다우존스(H)	SCHD, SPI, DIA
매매 차익 과세	비과세	배당소득세 15.4%	250만 원까지 기본 공제 후 양도소득세(22%) 적용
분배금 과세	배당소득세 15.4%		
금융소득 종합 과세 대상 여부	분배금만 합산	매매 차익 + 분배금 합산	분배금만 합산

ETF 사용설명서

저율과세도 신경 쓰자

우리나라는 1,500만 원을 경계로 과세의 차이를 두고 있는데 그 차이는 크다. 연금이 개시된 후 이를 한 번에 찾아가게 된다면 노후 보장이라는 목적이 없어지기 때문에 연간 1,500만 원이라는 기준을 정해 이 이상을 수령하게 되면 과세를 높게 책정하고 그 이하로 수령할 경우 저율과세를 적용한다.

다음 표에서 확인할 수 있듯 1,500만 원 이하의 금액을 55세에서 69세 사이에 수령할 경우 5.5% 과세를 적용하고 70세에서 79세에 수령할 경우 4.4%, 80세 이후에 수령할 경우 3.3% 과세가 이뤄진다. 늦게 찾아갈수록 과세율은 낮아지지만 큰 의미를 두기는 힘들다. 다만 1,500만 원 초과 인출 시 종합과세 또는 16.5%의 분리과세로 선택은 가능하다. 만약 급하게 1,500만 원 이상을 출금할 경우 저율과세의 효과는 보지 못한다. 만약 직장을 다닌다면 연봉에 더해 종합과세를 선택할지, 분리과세를 선택할지는 개인이 선택하게끔 운용되고 있다.

연령에 따른 과세 비율

연금 수령액	세금
1,500만 원 이하	55세 ~ 69세: 5.5%(지방소득세 포함) 70세 ~ 79세: 4.4% 80세 이상: 3.3%
1,500만 원 초과	종합과세 또는 분리과세(16.5%) 선택

연금저축 펀드의 장단점

장점	단점
세액공제 효과	중도 해지 시 16.5% 과세
과세 이연 효과	55세 이후 연금 개시
저율과세 효과	1,500만 원 초과 수령 시 종합과세 또는 분리과세 선택

연금 개시 이후 저율과세를 적극적으로 활용할 수도 있지만 저율 과세의 혜택을 받는 구간이 연 1,500만 원 이하기 때문에 수령액이 작다고 느낄 수 있다. 1,500만 원 이상의 금액을 한 번에 찾는다면 종합과세 또는 분리과세를 선택할 수밖에 없다. 따라서 연금 개시 이후 1,500만 원 한도 내에서 연금저축 펀드를 운용하는 것도 방법이다. 참고로 55세 이후에 연금 개시가 가능하기에 중도에 인출 시 마찬가지로 16.5%의 과세가 적용된다.

따라서 긴 저축 기간 때문에 연금저축 펀드는 효과가 적다는 의견도 팽배하다. 하지만 노후 보장이라는 목적이 명확하기에 국가에서도 많은 혜택을 준다. 따라서 노후 목표에 맞춰 장단점을 구분해 신중하게 운영하는 것이 합리적이다. 다만 국민연금과 퇴직연금으로는 노후 연금의 50% 정도만 확보할 수 있다. 따라서 개인적으로도 연금 준비를 해나갈 때 더 확실하게 노후를 준비할 수 있다.

연금저축 계좌를 통해 ETF를 매매하는 방법도 고민해볼 수 있다. 다만 현재 연금저축 계좌 펀드로는 아쉽게도 해외 ETF에는 직접 투자할 수 없다. 국내 ETF와 국내에 상장된 기타 ETF는 매매할 수 있다. 국내 ETF의 경우 비과세 효과가 있다. 그러나 대부분 미국 ETF를 통해 노후를 준비해나가고 있다는 점을 고려한다면 미국에서 검증된 ETF 상품들이 한국에도 상장되어 있으므로 절세 효과를 노리기 위해 국내에 상장된 해외 ETF로 노후를 준비하는 추세다. 그렇다면 국내에 상장된 해외 ETF에는 어떤 것이 있는지 알아보자.

다우지수 추종 배당 ETF

연금저축 펀드를 통해 직접 해외 ETF를 살 수 없으므로 매매 차익과 분배금의 경우 과세 이연 효과가 있는 국내에 상장된 해외 ETF를 매수하고, 그중에서도 안전한 지수 추종 ETF에 투자하는 것을 추천한다. 미국의 3대 지수는 꾸준히 우상향하고 있으므로 안전을 최우선으로 생각한다면 지수 ETF에 투자하는 것이 합리적이다. 여기에 배당금까지 더한다면 복리 효과를 극대화할 수 있다.

현재 미국에서는 '배당 + 배당 성장률 + 주가 상승'이라는 세 가지 복리 효과를 누릴 수 있는 SCHD ETF로 노후 준비를 해나가는 개인 투자자가 늘고 있다. 국내에도 SCHD ETF와 똑같은 ETF를 상장해 운영 중이며 연금저축 펀드를 통해 매매할 수 있다. SCHD ETF는 다우지수를 추종한다.

현재 국내에 상장된 해외 ETF의 경우 신한자산운용에서 운용하는 SOL 미국 배당 다우존스, 미래에셋자산운용에서 운영하는 TIGER 미국 배당 다우존스, 한국투자신탁운용에서 운영하는 ACE 미국 배당 다우존스가 있다. 보수와 비용 면에서는 TIGER 미국 배당 다우존스가 다른 상품보다 저렴한 편이지만 배당률 면에서는 상대적으로 낮아서 매년 재투자로 발생하는 복리 효과를 생각한다면 아쉬운 면이 있다. ACE 미국 배당 다우존스의 경우 분배율이 가장 높으며 보수 비용도 SOL 미국 배당 다우존스 상품보다 저렴하므로 객관적 지표로는 투자하기 가장 적합해 보인다. 네 상품 모두 IRP 계좌에서도 매수할 수 있다.

구분	상품	순자산총액(원)	총보수	거래량	배당률
다우존스	SOL 미국 배당 다우존스	4,446억	0.22%	38만 주	3.43%
	SOL 미국 배당 다우존스(H)	1,417억	0.29%	21만 주	3.03%
	TIGER 미국 배당 다우존스	5,769억	0.12%	63만 주	2.38%
	ACE 미국 배당 다우존스	3,434억	0.20%	20만 주	3.83%

S&P 500 추종 배당 ETF

가치주와 기술주의 조합으로 이뤄진 S&P 500 지수도 투자 시 고려해볼 수 있다. S&P 500 지수는 연평균 9% 이상 성장하고 있으며 배당금 또한 꾸준히 상향 지급되고 있다. S&P 500 지수를 추종하는 상품은 많지만, 그중 역사가 오래된 SPI ETF가 가장 잘 알려져 있다.

1993년에 탄생한 이 상품은 '지수 상승 + 배당금 + 배당 성장률'이 모두 고르게 성장하고 있으므로 단일 펀드 규모로는 가장 큰 상품 중 하나다. 순자산 총액이 가장 큰 미래에셋자산운용에서 운용하는 TIGER 미국 S&P 500이 합리적으로 보인다.

구분	상품	순자산총액(원)	총보수	거래량	배당률
S&P 500	SOL 미국 S&P 500	708억	0.18%	2.9만 주	1.15%
	KODEX 미국 S&P 500(H)	2,087억	0.44%	9.8만 주	1.29%
	TIGER 미국 S&P 500	27,460억	0.17%	119만 주	1.36%
	ACE 미국 S&P 500	8,438억	0.16%	24만 주	1.34%

나스닥 100 추종 배당 ETF

    미국 3대 지수 중 기술주 중심으로 이루어진 나스닥 100 지수를 추종하는 ETF도 고려해볼 수 있다. 그중 SQQ가 대중적으로 인지도가 높다. 나스닥 지수 추종 상품은 기술주 중심의 기업으로 구성되어 있어 노후 준비에 아주 잘 어울리지는 않는다. 금리가 낮으면 자금 조달 비용이 낮아 미래 기대치가 높지만, 고금리일 경우에는 자금 조달 비용이 더 들어 기술 기업들이 불이익을 받을 수 있기 때문이다.

    나스닥 지수를 추종하는 ETF의 경우 분배금이 낮고 주가 상승률이 높으며, 주가 상승과 하락에 대한 변동성 또한 크다. 그만큼 하이 리스크, 하이 리턴 상품이기 때문에 나스닥 100 추종 ETF에 투자하고 싶다면 수익과 비용 부분을 꼼꼼히 고려해 투자해야 한다. 대표적인 미국 3대 지수 추종 배당 ETF는 다음 표에서 확인할 수 있다.

구분	상품	순 자산총액(원)	총보수	거래량	배당률
나스닥	KBSTAR 미국 나스닥 100	3,944억	0.16%	15만 주	0.55%
	KODEX 미국 나스닥 100(H)	1,589억	0.38%	13만 주	0.66%
	TIGER 미국 나스닥 100	29,463억	0.22%	15만 주	0.54%
	ACE 미국 나스닥 100	6,890억	0.19%	19만 주	0.49%

결국 노후 준비를 위해서는 안정적이면서 배당금을 재투자하는 상품이 적합하다. 안정적이라는 의미는 연금저축 펀드를 통해 꾸준히 성장하는 기업이나 지수에 투자하는 방식을 의미한다. 10년 이상 투자를 해야 한다면 과거 데이터와 미래 투자가 가능한 미국 지수가 안전한 편이다. 미국에는 배당금 약속을 잘 지키는 우수한 기업이 즐비하다. 기업도 성장하고 배당도 꾸준히 받을 수 있는 것만큼 안정적인 노후 준비는 없을 것이다.

다만 나스닥은 수익률 측면에서 높지만 그만큼 위험도도 높다. 나스닥 추종 상품의 경우 배당금이 거의 없다. 기술주 중심의 기업들로 이루어져 있으므로 금리 조달과 미래의 성장을 위해 재투자할 수밖에 없는 구조기 때문이다. 연금저축 펀드를 통해 노후를 준비하고 싶다면 각자의 상황을 고려한 다음, 충분히 공부하고 분석하는 과정이 필요하다.

추가 절세 수단 IRP

IRP Individual Retirement Pension (개인형 퇴직연금)는 근로자가 재직 중 자율적으로 가입하거나 퇴직 시 받은 퇴직금을 계속 적립해 운용할 수 있는 퇴직연금 제도다. 퇴직연금 또는 퇴직금 제도에 가입된 근로자나 퇴직한 근로자가 가입할 수 있고 자영업자와 특수직 연금가입자(공무원, 군인, 사립학교 교사, 우체국 직원)도 가입 가능하다. 상시 근로자가 10명 미만인 소규모 사업장에서는 확정급여형(DB), 확정기여형(DC) 대신 기업형 IRP를 퇴직연금 제도로 도입할 수 있다. 즉, 근로자가 퇴직할 경우 퇴직금을 은퇴 시점까지 적립해 운용할 수 있도록 했으며, 이직 시 IRP 계좌로 퇴직금을 관리할 수 있어 과세 이연 혜택을 받을 수 있다. 과세 이연 조건은 연금저축 펀드와 동일하다.

IRP 가입 현황

통계청 자료에 따르면 개인형 퇴직연금의 가입자 수는 점점 증가하는 추세다. 개인형 퇴직연금 가입자는 전년 대비 13.3% 증가했고 적립 금액 역시 34.8% 증가했다. 10년 뒤에는 800조 원까지 증가하리라는 전망이다. 고령화로 인해 개인적으로 퇴직금을 관리해야 하는 비중이 늘어났고, 현명하게 퇴직금을 직접 관리하고자 하는 인식도 조금씩 증가하기 때문이다.

IRP 계좌를 활용하고 싶다면 연금저축 펀드에서 연간 600만 원의 연말정산 혜택을 받고, 여유가 있다면 300만 원을 추가로 IRP 계좌에 입금해 혜택을 최대한 받는 것이 현명하다. 예금성 적립만으로는 이자율이 낮아 인플레이션을 쫓아가기 힘들기 때문이다. 예금성 자산을 보관만 한다면 자산 가치가 떨어지는 만큼, 예금 이자보다 높은 이율

개인형 퇴직연금 가입 현황

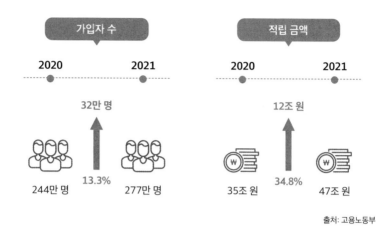

가입자 수

2020		2021

32만 명

13.3%

244만 명   277만 명

적립 금액

2020		2021

12조 원

34.8%

35조 원   47조 원

출처: 고용노동부

을 보장하는 상품이나 ETF 투자를 통해 수익률을 높여가는 관리 또한 필요하다.

IRP의 절세 효과

앞서 살펴보았듯, 연금저축과 IRP를 합산해 세액공제를 받을 수 있다. 연금저축의 경우 연간 600만 원까지 세액공제를 받을 수 있고 IRP까지 포함하면 최대 300만 원을 추가로 합산해 총 900만 원까지 세액공제를 받을 수 있다. IRP 계좌의 세액공제 효과는 다음과 같다.

IRP 세액공제율

총 급여액/종합소득 금액	납부 한도	세액공제율
5,500만 원/4,500만 원 이하	300만 원	16.5%
5,500만 원/4,500만 원 초과		13.2%

연금저축과 개인 IRP의 비교

상품 종류	연금저축(펀드)	개인 IRP
금리연동 보험	X	O
ELB	X	O
리츠	O	O
펀드	O	O
ETF	O	O
ETN	X	O
인프라펀드	X	O
예금	X	O

* ELB: 주가연계 파생결합 사채로 ELS(주가연계증권)보다 수익은 낮지만, 원금을 보장함.
* 은행예/적금(저축은행 포함): 증권사 IRP로 5,000만 원까지 예금자 보호 가능.

연봉이 5,500만 원 이하거나 종합소득이 4,500만 원 이하일 경우, 300만 원을 추가로 납부하게 되면 연말정산으로 16.5%를 환급받게 된다(약 49만 5,000원). 연봉이 5,500만 원을 초과하거나 종합소득이 4,500만 원을 초과하는 사람이 300만 원을 추가로 납부할 경우 연말정산으로 13.2%를 환급받는다(약 39만 6,000원).

IRP 또한 해외 ETF에 직접 투자하는 것은 불가능하고 국내에 상장

연금저축 펀드와 개인 IRP 투자 비교

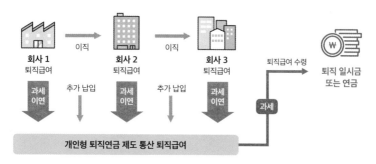

출처: 근로복지공단 퇴직연금

된 해외 ETF를 통해 운용할 수 있다. ETF 투자를 통한 과세 이연 효과는 연금저축 펀드와 같다. 다만 IRP는 연금저축 펀드와는 투자 조건에서 차이가 있다. 연금저축 펀드는 위험성 투자 비중으로 100%(주식) 투자할 수 있고 공격형 자산 투자 방식(펀드, ETF)으로 이루어져 있지만, IRP는 제약이 걸려 있어 안전 자산에도 부분 투자할 수 있다. 또한 IRP의 경우 70%는 공격형 자산(펀드, ETF)에 투자할 수 있다. 대표적으로 주식 투자 비중이 40%를 초과하는 혼합형 펀드, 주식형 자산 운용이 이에 속한다. ETF도 펀드의 한 종류기 때문에 주가지수를 추종하는 ETF에는 적립금의 70%까지 투자할 수 있다.

　예외적으로 채권형이나 혼합형 ETF 또는 펀드 중에서 주식 편입 비중이 40% 이내, 투자 부적격 등급 채권 편입 비중이 30% 이내의 경우에는 적립금의 100%까지 투자할 수 있다. 나머지 30%는 안전 자산에 투자해야 한다.

안전 자산(예금, 채권, TDF, 채권 혼합) 투자는 연금저축 펀드보다 어렵다. 개인이 노후 자금을 관리하려면 안정적이어야 하므로 IRP의 경우 위험성 자산에는 70%까지 투자할 수 있으며 안전 자산에 의무적으로 30%를 채워 투자하게 되어 있다.

디폴트 옵션은 사전지정 운영제도로 퇴직연금 가입자가 가입 후 별도 매수 신청을 하지 않더라도, 일정 기간이 지나면 자동으로 사전에 정한 상품으로 운용이 되는 제도다. 즉, 확정기여형 또는 IRP 상품 가입자가 적립금 운용 지시를 직접 하기 어려운 경우 가입자가 사전에 지정한 디폴트 옵션 상품으로 금융회사가 퇴직금을 투자해주는 제도다.

퇴직연금은 노후를 준비하는 소중한 안전 자산이기 때문에 일부 제한을 두어 투자 위험을 줄이고자 하는 데 그 목적이 있다. 상품 또한 예금을 비롯해 채권 등 안전 자산에 대한 투자 비중이 정해져 있고 혼합형 상품들이 많아 개인이 알아보고 투자하기에는 어려움이 있다. IRP 계좌를 통해 노후 자금을 늘려나가기 위해서는 퇴직연금 제도에 대한 이해가 필요하다.

ETF 사용설명서

퇴직연금 제도의 분류

1. 확정급여형(DB, Defined Benefit)

입사한 뒤 계속 한 직장에서 근무한 직장인도 있을 것이고, 이직을 한 이도 있을 것이다. 이때 퇴직연금을 설명받으면서 DB 또는 DC라는 내용을 들어보았던 기억도 있을 것이다. DB는 확정급여형으로 퇴직금이 정해져 있는 퇴직금을 의미한다. 이때 퇴직금은 '근속연수× 최근 3개월간 평균 임금'으로 계산한다. 퇴직 당시의 월급으로 계산하기에 임금 인상률이 반영된다는 장점이 있다. 확정급여형은 회사가 퇴직연금을 적립하고 운용하기 때문에 중도 인출이 불가능하고 확정기여형으로 변경은 할 수 있다.

퇴직연금 제도의 구분

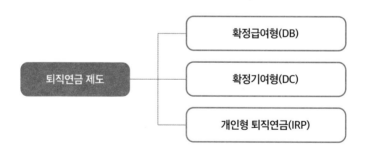

출처: 국민은행

2. 확정기여형(DC, Defined Contribution)

확정기여형은 회사가 금융기관에 일정 금액을 위탁해두면 근로자가 직접 운영할 수 있는 방식이다. 확정급여형은 회사가 직접 퇴직연금을 관리하지만, 확정기여형은 IRP를 통해 개인이 선택한다. 근로자가 확정기여형을 선택하면 회사는 그 근로자가 받는 총 임금의 12분의 1 이상을 거래 금융기관에 적립해두고 회사가 적립해둔 총 입금액 중 12분의 1 이상을 운용할 수 있다. 확정기여형의 경우 손실과 이익 모두 근로자의 책임이 된다.

확정기여형의 구조

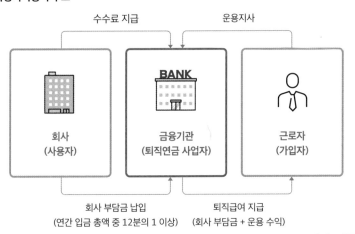

출처: 국민은행

3. IRP(Individual Retirement Pension)

확정급여형과 확정기여형 모두 퇴직금 수령 시 IRP 계좌로 받게 되는데, 퇴직연금을 선택하거나 일시금으로 받을 수 있다. 퇴직연금을 선택하면 퇴직소득세가 퇴직연금을 받을 때까지 지연되거나 이연되어 저율과세가 적용된다. 일시금으로 받으면 세금이 부과된다.

이직하면서 퇴직금을 IRP 계좌로 관리하거나 IRP 계좌에서 퇴직금을 운용하는 자영업자는 확정기여형으로 운용할 수 있다. 결국, IRP 계좌로 퇴직연금을 관리하는 요건은 같으므로 공격적으로 운영할지 보수적으로 운영할지는 각자의 선택에 달려 있다.

2023년 7월,《매일경제》에서는 미국의 은퇴자들에 대한 내용을 다루었다. 한국의 경우 퇴직연금 수익은 2%지만, 미국의 경우는 9%의 수익률을 보인다는 내용이었다. 미국은 2006년 연금보호법(PPA) 개정을 통해 확정기여형인 401K을 자동 가입하게 하면서 디폴트 옵션을 시행했다. 이는 근로자가 입사 후 90일 이내 적용 제외 의사를 밝히지 않으면 금융기관이 제공하는 상품으로 퇴직연금이 자동 운용되도록 한 것이다.

미국인이 직접 운용하는 401K의 10년 연평균 수익률은 8.4%였으며 5년(2016년~2020년) 연평균 수익률은 10.1%에 이른다. 미국의 경우 3대 지수가 과거 100년간 우상향했기에 지수 ETF나 지수 관련 배당 ETF에 투자했다면 백만장자로 은퇴할 수 있다는 것이다. 현재 미국은 확정기여형 퇴직연금인 401K 연금 자산이 100만 달러 이상인 가입자가 37만 명에 달한다. 401K 연금 자산의 연평균 수익률은 8%에서 10%에 달한다. 이처럼 미국이나 영국과 같은 금융 선진국의 경우 연금을 공격적으로 투자해 매년 10%대의 수익률을 보인다.

많은 미국인들은 다우지수, S&P 지수, 나스닥, 주요 기술주에 20년 이상 꾸준히 투자해 복리 효과를 누리고 있다. 또한 적극적으로 위험성 자산(주식), 지수 추종 ETF, 배당 ETF를 통해 노후를 준비한다. 이렇게 지수의 우상향에 대한 강력한 믿음을 바탕으로 노후 준비를 하고 그 혜택을 풍부하게 누린다. 따라서 전 세계의 노후 자금이 현재 미국으로 몰린다. 막대한 금융 자금을 바탕으로 수없이 많은 대기업이 탄생하고 그 기업이 성장해 미국을 떠받치고 있다.

하지만 한국의 경우 대부분의 퇴직 자금이 예금성 자산으로 묶여 있으므로 연 2%대의 수익률에 그친다. 퇴직금은 무조건 안전하게 투자해야 한다는 인식이 높기 때문이다. 은퇴 자금을 예금에 넣어두면 매달 2% 정도의 이자만 붙어 인플레이션을 따라가지 못한다. 만약 내 월급이 2% 올랐지만 물가가 3% 올랐다면 소득이 물가를 따라가지 못하게 되어 실질적 화폐 가치가 떨어진다. 20년 뒤에는 그 차이가 더 벌어질 것이다. 20년 전에 1억 원의 현금이 있었다면 당시 2억 원 정도만 대출을 받아도 중형평수의 아파트를 살 수 있었다. 하지만 현재 통장에 1억 원이 그대로 있다면 서울의 아파트 중위값은 10억 원이 넘었기에 아파트를 매수하려면 추가로 9억 원이 더 필요하다. 이처럼 인플레이션은 나의 자산을 갉아먹고 있다. 노후 자금을 낮은 이율로 예금에 묶어놓기보다는 지수 우상향을 믿고 재투자해 노후를 준비해 나가야 한다.

연말정산의 혜택을 최대로 누리자

최근 주변인 중 가장 투자를 잘한 사례도 소개하고자 한다. 같은 영업팀에 근무하고 있는 이차장은 5년째 월 75만 원씩, 연간 900만 원을 연금저축과 IRP에 납입하고 있다. 그는 평소에도 꼼꼼하고 빠른 일처리로 유명하다. 그는 자신의 투자도 세밀하게 접근했다. 연말정산으로 환급 받을 수 있는 최대치를 철저히 계산해서 소비했다. 그 결과, 월급을 포함해 약 1,000만 원 가까운 제2의 보너스를 연말정산 때 받았다. 특히 납부액의 13.2%인 118만 8,000만 원의 추가 소득도 발생했다. 그 말을 들은 다른 동료는 부러움을 감추지 못했다. 그는 오히려 세금을 내야 했기 때문이다.

현재 연금저축 계좌를 잘 이용하면 연간 600만 원의 세액 공제를 받을 수 있지만, IRP 계좌와 혼합해 사용하면 최대 900만 원까지 세액 공제를 받게 된다. 세액공제율은 같으므로 소득에 여유가 있다면 둘 다 운영해 최대 세액공제를 받는 것이 효과적이다. 또한, 900만 원을 초과하더라도 1년에 1,800만 원까지 납부 가능하기에 중도에 돈을 찾아야 할 경우에도 900만 원을 제한 나머지 금액은 세금 없이 자유롭게 입출금이 가능하다.

하지만 세액공제 효과를 받는 소득 기준이 정해져 있으므로 매년 600만 원에서 900만 원을 내기는 쉽지 않을 수도 있다. 그러므로 자신이 실제로 납입할 수 있는 금액이 얼마인지 산정한 뒤 납입해야 한다. 중도 해지 시 지금까지 받았던 세액공제 금액 이상을 부과받을 수 있다. 이처럼 연금저축 펀드는 중도 해지 시 세액공제를 받을 때 납부했던 금액과 운용에서 얻게 된 수익에 16.5%의 세율로 기타 소득세가 부과된다는 점도 인지하고 납입 금액을 정해야 한다.

연금저축 펀드란 노후를 위해 납입하는 것이기 때문에 납입 금액을 차츰 늘려가는 것이 좋다. 처음부터 소득 대비 무리하게 납입한다면 납입에 대한 압박과 중도 해지 시 기타 소득세도 부과되기 때문이다. 또한, 세액공제를 받지 않은 금액을 제외한 잔여 금액 역시 인출할 때 기타 소득세가 부과된다. 만약 급하게 중도 해지해야 한다면 연금저축 계좌를 담보로 대출도 받을 수 있으므로 이 부분도 고려해보자.

세액 공제도 적극 활용하자

　내가 다니는 회사는 퇴직금을 확정기여형으로 운영하고 있다. 과장 진급 시 IRP 계좌로 퇴직금을 입금받는 방식으로 예금성 자산에 투자할 것인지, 혼합형 자산에 투자할 것인지, 위험성 자산 비중이 높은 상품에 투자할 것인지 확인한 뒤 계좌를 개설하게 된다. 하지만 여기서 대부분은 예금성 자산(이율 2%)에 가입한다. 금융에 대한 지식이 적고 퇴직금은 무조건 안전하게 투자해야 한다는 인식이 뿌리 깊게 박혀 있기 때문이다.

　그런데 어느 날, 내게 투자 의견을 물은 후배가 있었다. 차근차근 알아보겠다는 마음이 보기 좋아 투자 방법을 적극적으로 알려주었다. 특정 상품을 추천하는 대신 꾸준히 우상향하는 해외 지수 추종 ETF에 투자한다면 좋겠다는 의견을 보냈다. 2022년 하락장 끝자락 당시에 물어왔기에 당시 나쁘지 않은 선택으로 보았고, 꾸준히 은퇴 시점까지 모아가라고 이야기했다. 그는 이후 스스로 공부하고 판단해 국내에 상장된 해외 ETF인 TIGER 나스닥 100에 투자했다. 이후 수익이 좋다는 얘기는 간간이 들었지만 구체적인 금액은 묻지 않았는데, 어느 정도 성과가 났는지 궁금해 그 후배에게 상품과 계좌를 보내 달라고 부탁했다. 그 결과는 다음과 같았다.

후배의 연금계좌 현황

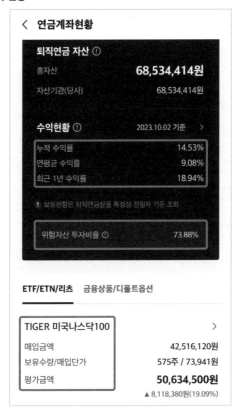

당시 나는 위험 자산(주식)에 70%까지 투자할 것을, 30%는 안전 자산(예금성 자산과 채권)에 투자할 것을 권했다. 그는 2022년 후반에 지수 추종 ETF로 변경했고, 지수가 반등하며 수익이 났다. 은행 적금에 돈을 모았다면 이 정도 수익은 얻을 수 없었을 것이다. 지금의 수익률은 확정 수익률이 아니다. 하지만 지수 우상향을 믿고 꾸준히 들어오는 퇴직금을 모아간다면 은퇴 후에 의미 있는 성과가 날 것으로 보인다. 또한, 나스닥보다는 다우지수 추종 ETF나 S&P 500 관련 ETF 매수가 더 안정적이며 배당금도 나오기 때문에 세금 이연 효과를 최대한 누릴 수 있다.

선택은 각자의 몫이다. 복리 실전 6단계를 통해 지수 우상향과 배당금 재투자에 대한 이해가 되어 있다면 퇴직금까지도 내가 직접 관리할 수 있다. 개인 계좌를 통해 투자하는 방식과 같다. 종목도 내가 선택할 수 있다.

현재 나 역시 후배와 같은 확정기여형으로 회사에서 1년에 한 번 퇴직금이 들어온다. 과거에는 나 역시 퇴직금을 예금성 자산에 묶어두었다. 퇴직금은 쌓였지만 겨우 매달 10만 원 정도의 이자가 붙었다. 인플레이션 상승만큼도 따라가지 못하는 선택을 한 것이다. 따라서 2년 전부터 ARIRANG 고배당주 ETF로 교체했다. 이는 안전한 은행 관련주 포트폴리오로 구성되어 있으며 꾸준히 우상향 중이다. 거기에 더해 매년 5% 배당금을 재투자해 복리 수익도 노리고 있다. 2% 수익이 좋아 보이는가? 아니면 매년 5% 배당금을 주는 ETF에 투자하는 게 좋겠는가?

미국은 대부분 이러한 방식으로 노후 자금을 운용한다. 하지만 우리나라는 금융 문맹에서 탈출하지 못하고 있다. 공부하고 계산해보면 나오는데 주위에 알려주는 사람이 없으니 98%에 달하는 직장인들이 인플레이션 비율보다 낮은 2% 이율로 은행에 돈을 저당 잡히는 것이다. 고배당 ETF 안에 포함된 은행들은 오히려 우리를 위해 5% 이율로 돈을 벌어다 준다.

현재 우리나라 역시 국내에 상장된 해외 ETF를 통해 미국 지수 관련 ETF에 투자할 수 있다. IRP 계좌를 통해 개인이 노후를 직접 관리하기 쉽지 않기에 대안으로 디폴트 옵션 제도를 운영한다.

디폴트 옵션, TDF(사정지정 운용제도)

국민연금 또한 국민의 소중한 노후 자금을 현금성 자산으로만 가지고 있다면 인플레이션을 따라가지 못하기 때문에 투자를 통해 자산을 불려가고 있다. 그러나 한국은 주로 퇴직연금을 예금성 자산에 묶어두기 때문에 시간의 복리를 이용하지 못할 뿐 아니라 인플레이션 손실에 대한 개념도 인식하지 못하고 있다. 이를 개선하고 수익률을 올려보자는 취지로 만들어진 것이 디폴트 옵션이다. 개인이 디폴트 옵션을 이용하면 기관에서 꾸준히 자산을 운용하면서 예금보다 더 높은 수익을 추종하게 된다.

이는 확정기여형과 IRP에서만 가능하며 가입자가 적립금 운용 지시를 직접 하기 어려운 경우 사전에 지정해둔 (정부 심의를 거쳐 승인된) 디폴트 옵션 상품을 금융회사가 자동 운용한다. 특히 퇴직연금 상품의 만기가 도래했는데 6주간 운용 지시가 없는 경우 대기 후 디폴트

디폴트 옵션 상품의 위험도 분류

위험 그룹	구성 상품	목표 고객층
초저위험 상품	정기예금 또는 보험사 GIC 100%	원금 보존 중시
저위험 상품	펀드 40% + 정기예금 GIC 60%	투자 손실 민감
중위험 상품	펀드 70% + 정기예금 GIC 30%	우수한 장기 성과 중시
고위험 상품	펀드 100%	높은 수익률 추구, 장기 투자

* 원리금 보장형 상품(정기예금, 보험사 GIC(이율보증형 보험))
* GIC는 이율보증 보험 계약으로, 일정 기간 계약으로 정해진 이율이 되도록 고객의 연기금을 운용하고 기한이 되면 원금과 이자를 고객에게 상환해주는 것을 의미한다.

옵션 상품으로 자동 운용된다. 상품도 언제든지 변경할 수 있다.

사전지정 운용제도는 현재 의무 사항이다. 디폴트 옵션이 의무화되면서 관련 내용을 은행과 회사에서 설명해준 적이 있을 것이다. 만약 당시 관심이 없었다면 추천 상품을 설정해두었을 것이다. 자신의 국민연금에 대한 구체적인 내용은 은행이나 회사 관리팀에 문의해보면 된다.

6

성공 투자를 반복하는
6가지 투자 습관

나는 직장인인 만큼 투자에 많은 시간을 쏟지는 못한다. 하지만 투자에 대한 습관만큼은 확실하게 만들어두었다. 투자에 성공하기 위해서는 명확한 철학이 있어야 한다. 나만의 투자 철학을 만들지 못하고 세상의 잡음에 이리저리 휘둘리다 보면 계좌는 '녹아내릴' 수밖에 없다. 가장 좋은 투자자는 자신만의 투자 철학이 확고해서 내가 원하는 투자 환경이 아니면 투자하지 않는 사람이다.

욕망과 탐욕을 다스리고 절제해 안정적으로 수익을 얻는 방법을 만들어보자. 앞에서 언급한 복리 실전 6단계를 바탕으로 투자 구조를 만들고, 매매 빈도를 줄이고, 복리 수익을 적립해야 한다. 나 역시 복리 실전 6단계를 만들어내지 못했다면 현재 이 책을 집필할 시간도 없었을 것이다.

각기 사람마다 자금 규모, 투자 시간, 투자 판단, 가치 판단에 이르기까지 스타일이 전부 다르다. 그래서 보편적이면서도 안전하게 투자해 성공할 방법을 공유하는 것이 중요하다고 생각했다. 그 기본 뼈대는 지수 우상향을 바탕으로 한 복리 실전 6단계가 될 수 있고, 배당금 재투자 방식을 바탕으로 한 장기 투자를 목표로 가져가도 된다. 그럼 내가 사용하고 있는 투자 방법에 관해서 이야기해보고자 한다.

나만의 복리 표를 만들어본다

복리 표를 통해 구체적 목표를 시각화하면 장기 목표를 이루는 데 흔들리지 않는 나침판이 되어준다. 연간 수익률을 구체화했기 때문에 이제는 복리를 이용해 천천히 부자가 되어보자. 나는 연 20% 수익률을 목표로 했기 때문에 뉴스나 주변 잡음에 흔들리지 않고 투자할 수

연평균 20%를 위한 단기 복리 표

기간(연)	원금(만 원)	손익(만 원)	목표 달성 후 체크
1	20,000	24,000	달성
2	24,000	28,800	달성
3	28,800	34,560	달성
4	34,560	41,472	
5	41,472	49,766	

연평균 20%를 위한 장기 복리 표

기간(연)	원금(만 원)	손익(만 원)	목표 달성 후 체크
1	20,000	24,000	달성
2	24,000	28,800	달성
3	28,800	34,560	달성
4	34,560	41,472	
5	41,472	49,766	단기 목표 완성
6	49,766	59,719	
7	59,719	71,663	
8	71,663	85,996	
9	85,996	103,195	
10	103,195	123,834	중기 목표 완성
11	123,834	148,601	
12	148,601	178,322	
13	178,322	213,986	
14	213,986	256,783	
15	256,783	308,140	
16	308,140	369,768	
17	369,768	443,722	
18	443,722	532,466	
19	532,466	638,959	
20	638,959	766,751	장기 목표 완성
21	766,751	920,102	
22	920,102	1,104,122	최종 목표 110억 원

ETF 사용설명서

있다.

단기 복리 표를 5년 단위로 만든 뒤, 이를 달성했다면 중기 복리 표로 넘어간다. 이때 장기 복리 표까지 같이 만들어 시각화하는 게 중요하다. 시각화는 매우 중요하다. 노트북, 스마트폰, 책상, 차 안 어디든 잘 보이도록 곳곳에 목표를 적어두자. 뇌는 목표를 달성하려는 방법을 찾으려 노력하게 된다. 이것이 시각화의 힘이다.

의미 있는 시드머니가 필요하다

의미 있는 시드머니는 대략 1억 원 정도를 의미한다. 1억 원을 모으는 것은 당연히 힘들다. 하지만 복리를 극대화하기 위해서는 의미 있는 시드머니가 필요하다. 지수 ETF, 달러 ETF와 같이 다양한 ETF에 조금씩 투자해보면서 경제 상황에 따라 내가 투자한 상품이 어떻게 변화해나가는지 경험해보는 것이 중요하다. 매달 일정 금액을 투자하면서 목돈을 모아둔 뒤 저점에서 투자해보자. 투자에 성공하려면 노동으로 얻은 돈을 바탕으로 한 작은 시드머니로 철저히 연습해야 한다. 또한 확실한 믿음이 있을 때 도전해야 하고 자신에게 적합한 투자 방식인지도 계속 고민해야 한다.

나만의 복리 수익률을 찾아가자

나만의 복리 수익률이란 목표에 맞는 종목을 선정하는 것을 의미한다. 1배를 추종할 것인지, 2배를 추종할 것인지, 국내 투자를 할 것인지 해외 주식에 투자할지 고민해보자. 관련 내용은 111페이지에서도 확인할 수 있다.

나는 20%의 수익률을 목표로 하기 때문에 KODEX 레버리지에 투자한다. 하지만 시장의 위험 상황에 맞춰 KODEX 200에 투자하기도 한다. 단, 레버리지를 사용하고 싶다면 투자 실력과 경험이 풍부해야 한다. 초보 투자자라면 안전하게 1배짜리 ETF 투자를 통해 경험을 쌓거나 배당 재투자 방식을 활용해 매달 적립식 투자를 이어나가면 된다.

나 역시 배당금 투자 비중을 늘려가고 있으며 지금은 매달 50만 원을 SCHD과 JEPI ETF에 투자하고 있다. 이처럼 적립식 투자를 이어가되 주식시장에서 기회를 포착했을 때 복리 투자 실전 6단계를 바탕으로 배당금을 재투자해 자산 재분배를 하고 있다. 이처럼 안정적이면서 자동으로 돈이 들어오는 구조를 만들어야 한다. 내 자산 포트폴리오를 자동화했을 때 돈에서 진짜 자유를 얻을 수 있다.

상승장과 하락장을 구분해야 한다

상승장과 하락장을 읽어내지 못하면 투자에 성공할 수 없다. 배당금 투자로 장기 투자를 한다면 상승장과 하락장을 읽어내지 않아도 된다. 하지만 지수 ETF나 개별 주식에 투자한다면 상승장과 하락장을 구분할 수 있어야 한다.

나는 2022년 유동성 공급으로 부풀어오른 버블이 꺼질 것을 직감했다. 전고점을 돌파한 후 뉴스나 대중 매체에서 관련 기사의 트래픽 수가 급격하게 증가한다. 또한 VIX 지수가 15 이하고 달러가 1,100원 밑으로 형성되어 있어도 버블이 터질 가능성이 크다. 그래서 이 징후를 보자마자 투자금을 현금화한 후 재투자를 이어갔다.

한두 가지 지표로는 바닥을 찾을 수 없다. 여러 지표를 동시에 확인하고 이를 습관으로 삼았다면 바닥이 보이게 된다. 코스피 연봉 10일 선을 터치하고 있는지, 삼성전자 월봉 60일선 근처까지 내려와 있는지, VIX 지수가 30 이상인지, 달러 가격이 1,300원 이상인지 확인해보는 습관이 필요하다. 이때 가장 중요한 건 현금이다. 투자할 수 있는 현금이 있어야 홈런을 칠 수 있다.

2024년은 미국 증시, 일본 증시 역시 버블 구간에 돌입했다. 증시가 고점을 돌파했다는 뉴스가 연일 흘러나왔다. 증시는 꺼질 듯하면서도 상승한다. 뉴스 트래픽 수가 급속도로 증가한다. 국내 증시가 오르지 않자 많은 사람들이 미국 증시에 뛰어들었다. 봄, 여름 구간(현금이

100% 투자되어야 하는 구간)을 지나 가을, 겨울(버블) 구간에 개인들이 참지 못하고 뛰어든 것이다.

나는 현재 자산의 20%는 KODEX 레버리지에 투자하고 엔에 30% 헤지 투자를 하고 있다. 미국 증시가 급등하면 달러는 반대로 하락해야 하는데 달러는 하락하지 않는 기이한 현상이 일어났다. 그래서 나는 오히려 준 기축통화인 엔을 헤지로 사용하기로 했다. 저렴한 엔에 투자해도 크게 손해 보지 않을 것이라는 계산이다(국내 증시는 더 상승을 이어나갈 것으로 예상되지만 아쉬운 부분이 있다). 코로나19로 인한 유동성 공급이 넘치던 시기에는 코스피가 세계 증시에서 유독 많이 올랐다. 이번 시장에서는 철저히 소외당하고 있지만, 다음 상승장에서는 달라질 수도 있다. 투자의 결과도 투자자 본인이 온전히 책임졌을 때 성장을 이어갈 수 있다.

앨버트 아인슈타인은 인간의 광기로 인한 버블은 예측할 수 없다고 보았다. 버블 구간을 쉬어가는 것은 매우 힘든 일이다. 오히려 버블 구간에 주가는 가장 많이 상승할 수 있다. 하지만 10번 투자에 성공해도 1번의 실패로 모든 것을 잃을 수도 있는 시기다. 힘들더라도 매뉴얼대로 수행해야 한다. 욕망을 절제하고 다음 하락장과 상승장을 대비해야 잃지 않는 투자를 할 수 있다. 버블 구간에 자신의 전체 자산이 주식시장에 들어가 있지 않은지 확인해보자. 이처럼 자신만의 기준을 통해 상승장과 하락장을 알아내는 연습이 필요하다.

주식시장 사이클을 잊지 말자

결국 봄, 여름, 가을, 겨울을 지나 다시 봄의 단계로의 순환 사이클을 온전히 지켜내고 수익을 냈을 때 진정한 나만의 투자 방정식이 된다. 봄에는 가을, 겨울에 차익 실현한 현금과 달러(헤지)에 투자했던 자산을 팔아 주식을 매집한다. 앞에서 설명했던 사계절 투자법을 다시 생각해보자.

1. **봄**: 100% 주식 투자
2. **여름**: 100% 주식 투자(보유 전략)
3. **가을**: 50% 주식 투자, 50% 현금화 및 달러 헤지
4. **겨울**: 30% 주식 투자, 70% 현금화 및 달러 헤지

2024년 4월, 대한민국의 증시는 가을 구간에 들어가기 직전이다. 하지만 미국 증시는 겨울 구간에 들어섰다. 그럼 어떤 판단을 해야 할까? 증시의 대장은 미국이다. 국내 증시가 오르지 않아도 미국 증시가 꺾인다면 한국 증시는 미국과 같이 하락장에 돌입할 수 있다. 나는 앞서 밝혔듯 현재 지수 ETF인 KODEX 레버리지에 20% 정도를 투자하고 있으며, 나머지는 엔에 30% 정도 투자해두었다. 나머지는 현금화를 해둔 상태다. 겨울 구간에 들어서면 자산의 30% 정도만 투자에 임하고 나머지 현금화 및 헤지 전략을 실천하고 있다. 그리고 배당 ETF

투자로 월 50만 원씩 SCHD ETF와 JEPI ETF에 나눠 투자하고 있다. 배당 ETF 투자는 하락장과 상승장 구분 없이 투자할 수 있기 때문이다. 이 판단은 현재 미국 증시가 겨울 구간(버블)에 들어섰다고 판단해서다. 하락장을 대비해 헤지 전략을 취하는 이유는 명확하다. 나는 현재 연 20% 복리 수익을 위한 구조를 설계해놓았다. 하락장에서도 10% 이상 헤지하는 전략으로 수익을 창출해야 장기 투자 시 복리 수익률이 걷잡을 수 없이 불어나는 효과를 누릴 수 있다.

언제나 욕심과 탐욕을 걷어내고 시장을 냉철하게 분석해야 한다. 지금 모아둔 현금과 헤지에 투자해놓은 자금은 하락장으로 돌아섰을 때 빛을 발하게 될 것이다. 버블 구간에서 분명히 투자하고 싶은 마음과 수익을 더 낼 수 있다는 조급함이 들 것이다. 그래도 버텨야 한다. 최대 30% 정도만 투자해야 한다. 이미 게임은 끝났고, 막차를 탄 개인들에게 물량을 떠넘기기 위한 버블 작업이 진행 중일지도 모른다. 가파르게 오른 자산은 가파르게 떨어지게 되어 있다. 이게 시장의 순리다.

ETF 사용설명서

분할 매수와 분할 매도 구간을 정해야 한다

사계절 투자법에서 이야기했듯이 나 역시 분할 매수와 분할 매도 구간을 정해 투자하고 있다. 상승장과 하락장을 구분한 뒤 나만의 봄, 여름, 가을, 겨울 구간을 정했다면 나만의 분할 매수, 분할 매도 구간도 만들어야 한다. 나는 분할 매수와 분할 매도 구간을 5번에 걸쳐 설정한다. 하지만 더 안전하게 10번에 걸쳐 분할 매수, 분할 매도해도 된다.

나는 신념이라도 있는 것처럼 주식을 계속 보유하는 사람을 많이 보아왔다. 주식은 수익을 낼 수 있을 때는 수익을 내고 다음 포지션을 가져가야 한다. 아무것도 하지 않으면 투자를 안 하는 것만 못하다. 요약하면 다음과 같다.

1. 나만의 복리 표를 만든다.

2. 의미 있는 시드머니 1억 원을 모으는 계획을 세워본다.

3. 상승장과 하락장을 구분해내는 연습을 습관으로 만든다.

4. 나만의 투자 수익률 찾기를 통해 투자 종목을 선정한다.

5. 사계절 투자법으로 자산을 분배한다.

6. 상승장과 하락장에서 각각 분할 매수·매도 구간을 정한다.

7. 스스로 상승장과 하락장 한 사이클을 스스로 이겨내 본다.

나는 1년에 매매를 몇 번 하지 않는다. 매뉴얼대로 진행하기 때문에 여러 번 사고팔 필요가 없다. 투자 과정은 복잡해 보이지만 매일 10분을 투자해 시장을 읽는 연습을 해간다면 어느 순간 흐름이 보일 것이다. 그렇게 남은 시간은 가족과 보내면 된다. 시간은 한정되어 있다. 그리고 내 시간과 가족의 시간도 빠르게 지나간다. 부자가 되기 위해 너무 높은 목표를 단기간에 꿈꾼다면 불행해질 수밖에 없다. 나 자신을 객관화하고 시장에 집중해야 한다. 남들과의 비교를 끊어내고 내면을 단단하게 단련해야 한다. 과정이 즐겁다면 그걸로 성공한 것이다. 가진 돈에 비해 갖고 싶은 것이 많으면 허탈하다. 그 중간 지점을 찾아가는 과정이 삶이다. 행복은 꾸준히 성장하면서 하루하루에 집중하는 순간 찾아온다.

7

40대 행복한 파이어족
남 일이 아니다

배당 투자를 하는 이유는 노후 준비와 자동 수입을 만들기 위해서다. 긴 호흡으로 투자하고 노후 월급을 만드는 데 그 목표가 있다. 30대라면 일찍 시작한 만큼 복리를 안전하게 활용할 수 있는 배당과 배당 성장 ETF에 80%, 고배당 ETF에 20%씩 투자할 수 있다. 40대라면 단기적 성과와 복리 수익을 동시에 잡을 수 있는 배당과 배당 성장 ETF에 60%, 고배당 ETF에 40%를 투자해볼 수 있다. 50대 직장인이라면 각자의 여건에 맞춰 배당 투자를 하거나 다른 방식을 찾아보는 선택지를 제시했다. 그런데 그 외 배당금을 통해 파이어족을 꿈꾸는 직장인도 있다. 개인 시간을 최대한 활용하고 싶고, 회사에서 벗어나 스스로 주도해나가는 삶을 원하는 직장인들을 위해 배당금 투자로 파이어족이 되는 방법을 이야기해보고자 한다.

우선 파이어족이 되고 싶다면 월급은 포기해야 한다. 대신 돈이 돈을 벌어다주는 구조를 만들어야 한다. 파이어족이 되기 위해서는 어느 정도의 금액이 있어야 할까? 20억 원이 있다면 파이어족이 될 수 있을까? 내 답은 '아니다'이다. 게다가 파이어족이 빨리 되려 한다면 무리한 투자를 해야 할 수도 있고, 회사 생활에도 만족하지 못해 고통스러울 수 있다. 기준을 어디에 두고 삶을 바라보는지에 따라 파이어족의 개념은 얼마든지 달라질 수 있다.

한 작가는 2년 전 회사를 그만두고 제주도에서 책을 쓰며 지낸다. 그는 배당금으로 발생하는 자동 수익 300만 원과 부수입으로 들어오는 100만 원을 포함해 매달 총 400만 원을 받는다. 자녀도 있는 그가 매달 400만 원으로 생활이 가능한지 반문할 수 있다. 파이어족의 핵심은 기준을 바꾸어야 한다는 데 있다. 매달 400만 원을 벌지만 빚이 없다면 삶은 어떻게 달라질까? 그리고 타인과의 비교를 끊어내면 된다. 그런데 왜 우리는 그렇게 하지 못할까? 용기가 없기 때문이다. 그리고 파이어족의 기준을 너무 높게 잡기 때문이다. 자동 수입으로 월 1,000만 원이 되면 은퇴하겠다거나 순자산이 20억 원이 되면 은퇴하겠다고 마음을 먹으면 생각만 하다 시간은 멀리 저편으로 흘러가고 말 것이다.

그렇다면 파이어족에 대해 어떻게 생각하고 접근해야 할까? 그리고 배당금 투자를 통한 은퇴 준비는 어떻게 해나가는 것이 좋을까? 우선 구체적이지만 현실적인 계획이 필요하다. '7년 뒤에 은퇴하되, 자동 수입이 500만 원이 되도록 만들겠다'와 같은 구체적 계획이 필요하다. 그다음 현재의 자산과 부채 규모를 정확히 알아야 한다. 이처럼 계획을 세우려면 자신을 객관화하는 작업을 우선해야 한다.

극단적으로 가정해보자. 당신은 오늘 사표를 냈고 앞으로 배당금을 통해 자유롭게 살아보자고 가족들과 합의했다. 이제 계산을 해봐야 한다. 만약 5억 원짜리 주택을 보유했고, 대출금이 2억 원 정도 남았다면 주택을 판 뒤에는 순자산이 3억 원 정도 생긴다. 추가로 퇴직금 1억 원과 금융 자산도 5,000만 원이 있다고 가정해보자. 모든 자산을 취합해보면 약 4억 5,000만 원의 현금이 생긴다.

연 10% 이익을 내는 고배당 ETF에 4억 5,000만 원을 투자한다면 월 375만 원이라는 자동 수입이 발생한다. 세금 15%를 제하면 월 320만 원 정도의 수입이 발생한다. 한 가족이 월 320만 원으로 생활하기는 쉽지 않다. 그러나 혼자 사는 1인 가구라면 가능하다.

이런 식으로 자신의 순자산을 계산해보면 답이 나온다. 파이어족이 되기 위해서 배당금 재투자는 힘들 수 있다. 배당금으로 생활해야 하기 때문이다. 그러나 자산이 10억 원이라면 달라질 수 있다. 고배당 ETF에 6억 원을 투자하고, 나머지 4억 원은 배당금 재투자를 통해 복리로 자산을 불려 나갈 수 있다.

만약 아직 준비가 되어 있지 않다면 몇 년 뒤를 목표로 할 것인지에 대한 계획을 세워야 한다. 계획이 있어야 과소비를 줄이고 목표를 향해 꾸준히 나아갈 수 있기 때문이다.

투자를 극대화하는 방법

투자를 효율적으로 운용하는 방법도 고민해야 한다. 투자 성공률을 높이고 수익을 극대화하려면 각자의 사정에 맞는 구체적인 계획도 필요하다. 복리 실전 6단계를 실천해 상승장과 하락장을 구분할 줄 알아야 하고 이를 바탕으로 한 분할 매수, 분할 매도 전략을 세워야 한다.

주식시장은 계속해서 상승하지 않는다. 오르고 내리기를 반복하다 자산을 증식시킬 큰 기회가 가끔 발생한다. 또한 은퇴를 계획했다면 매달 일정 금액을 배당금 재투자에 사용해 상승장과 하락장에 상관없이 모아간다. 그리고 목돈을 마련해두었다가 증시가 폭락했을 때 집중 투자한다면 자산 증식과 배당금 상승 효과를 동시에 잡을 수 있다. 즉, 증시가 하락했을 때 집중 투자를 이어나가는 것이다. 단, 투자 원

주식시장의 흐름

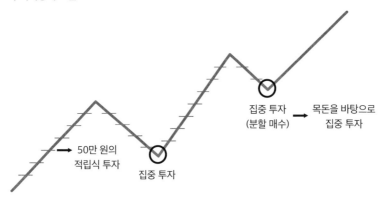

칙을 명확히 하고 안전하게 은퇴를 준비해야 한다. 모두가 급등 주식에 투자한다고 해도 내 목돈은 주머니에 고이 보관해야 한다. 이 목돈은 증시가 급락했을 때 사용하게 될 것이다.

배당금 투자를 통한 파이어족 계획

1. 매달 자동 수입이 얼마나 필요한지 목표를 세운다.
2. 현재 자산의 부채 규모와 자산 규모를 명확히 적어본다.
3. 은퇴 기간을 구체적으로 설정한다.
4. 매달 적립식 투자를 얼마나 이어갈지 정확한 금액을 설정한다.
5. 증시가 크게 하락했을 때 집중 투자를 이어간다(복리 실전 6단계 참조).
6. 고배당 ETF에 투자할지 배당 재투자 비율을 높게 설정할지 결정한다.
7. 자산 규모가 적고 고배당 ETF 투자로 생활할 수 있다면 100% 고배당 ETF에 투자한다.
8. 자산 규모가 있다면 고배당 ETF에 60%, 배당 재투자하는 방식에 40% 정도 나눠 설정하거나 고배당 ETF에 70%, 배당 재투자하는 방식에 30% 정도 나눠 설계해본다.
9. 최종적으로 계획이 완성되었다면 파이어족이 되는 날까지 실천한다.

8

피해야 할 ETF 투자
실패 유형 5가지

묻지 마 투자

2023년 8월,《헤럴드 경제》에 '묻지 마 투자' 뉴스가 게재된 적이 있다. 한 국내 연구소가 상온 초전도체라고 주장하는 LK99라는 물질을 발표하자 관련된 주식에 주목한 개인 투자자 상당수가 이에 편승해 차익 실현 기회만 바라보고 있다는 내용이었다. 초전도체 기술은 아직 정확히 검증된 바 없고, 이론이 입증되더라도 상용화되어 이익을 내기까지는 시기상조라는 견해가 크다.

보물선 테마주에 관련한 뉴스도 있었다. 자본금 1억 원의 신생 회사 신일그룹이 1905년 울릉도 앞바다에 수몰된 러시아 전함 돈스코이호를 발견했는데 이 배에 150조 원 가치의 보물이 실려 있다고 대대적으로 홍보했다. 당시 신일그룹과 관련 있는 주식은 천정부지로 뛰었고 1조 원가량의 자금이 몰렸다. 하지만 이 보물선은 사기로 판명되었고 주가는 순식간에 폭락했다.

'꿈'이라는 단어가 뉴스에 오르내리기 시작하면 대중은 기대에 부풀어 본질을 보지 못하고 투자에 뛰어들게 된다. 그러나 주가가 급등하면 마지막에 미처 빠져나오지 못한 사람들이 그 폭탄을 떠안게 된다. 결국 눈에 보이지 않는 허상에 사로잡혀 소수를 제외하고는 모두 투자에 실패한다. 어렵게 모은 자산을 투기한 것이나 마찬가지다. 개인들의 조급함을 파고들어 누군가는 돈을 벌었지만 누군가는 큰 피해를 입었다. 이런 사기는 똑같은 방식으로 자주 반복됐다. 만약 이와 비슷한 주식이 또 나온다 해도 많은 사람들이 달려들 것이다.

왜 이런 투자 유형의 투자자들이 도돌이표처럼 발생할까? 그 답은 군중심리에서 찾아볼 수 있다. 열정은 넘치지만 빨리 부자가 되고 싶은 마음에 깊이 생각하지 않고 투자를 하는 사람이 너무 많다. 군중심리에 따라 이리저리 흔들려 투자를 하게 되면 그 손실은 모두 자신의 몫이다.

빚투 투자

코로나19가 발생했을 당시 주식과 부동산 모두에 버블이 발생하면서 사람들은 '영혼을 끌어서라도 주식과 주택을 산다'는 분위기가 팽배했다. 최대로 대출을 받은 다음 이를 전부 투자한다는 의미로 '영끌'이라는 단어가 유행처럼 번졌다. 사람들은 남들에게 뒤처지지 않기 위해 무리하게 투자했다. 기회를 잘 잡은 이들도 있었으나 대부분은 뒤늦게 따라 들어갔기 때문에 거품이 빠지고 난 뒤 큰 손해를 입고 후유증에 빠졌다.

주식시장에도 비슷한 용어가 있다. 바로 포모FOMO 현상이다. 이 역시 뒤처지는 것이 두려운 심리 상태를 의미한다. 버블은 버블을 만들고 올라가는 주식은 예측을 벗어나 더 올라가는 경향이 있다. 처음에는 특정 주식이 급등하면 일단은 지켜보겠다고 생각하지만 오르는 주식은 개인들의 뜨거운 매수 심리와 함께 '오버슈팅'이 발생하게 된다(오버슈팅이란 특정 자산의 가격이 평형 가격에 비해 과도하게 움직이는 현상을 의미한다). 이때 미리 매수하지 못한 대부분의 개인에게 포모 현상이 오기도 한다. 과열된 주식은 어느 순간 거품이 빠지게 되고 원금 이상을 무리하게 투자한 투자자는 자신의 자산이 사라지는 뼈아픈 경험을 하게 된다.

2023년 8월, 《한국경제》에도 2차전지, 초전도체 등 일부 테마주가 급등하자 '포모 개미'가 570조 원 가까이 거래했다는 기사가 실렸

　　　　　　　　　　　　　ETF 사용설명서

다. 당시 주식은 오를 만큼 올랐지만, 개인들은 아랑곳하지 않고 주식을 연일 매수했다. 특히 2차전지 관련주들이 주도하는 시장은 미래의 실적을 미리 반영해 오를 만큼 올랐지만, 개인들이 더 투자하기 시작한 것이다. 따라서 첫째 신용 거래, 둘째 미수 거래, 셋째 과도한 레버리지 투자를 조심해야 한다. '하이 리스크 하이 리턴'이라는 말이 있듯 큰 이익을 노린다면 큰 위험이 있다는 사실도 기억해야 한다. 주식 시장에는 수많은 악재가 도사리고 있으므로 절대 대출을 받아 주식에 투자하면 안 된다.

카더라 투자

개그맨 장동민은 예능 프로그램 〈지니어스〉에서 우승하며 많은 이들에게 재능 많은 연예인이라는 인식을 심어주었다. 코로나19 시기 주식이 폭등해 '동학개미운동'이 일었을 당시 그는 한 프로그램에 출연해 자신이 투자를 시작했을 때의 이야기를 들려준 적이 있었다. 그는 술자리에서 '특정 주식이 오른다'는 이야기를 듣고 주식을 시작했다고 했다. 처음에는 6배 이상 수익을 얻어 자만했으나 결국 큰 손실을 봤다고 했다. 지금은 스스로 개척하고 공부해 수익을 낸다고 했다.

코로나19 당시 속수무책으로 전 세계 증시가 무너졌다. 이때 미국을 비롯한 전 세계 국가들은 경제를 살리기 위해 돈을 살포했고 저금리 정책을 펼쳤다. 이로 인해 유동성이 늘어나 역사상 가장 빠른 주식 버블이 만들어졌다. 당시 가장 인기 있던 종목은 제약과 바이오 관련 주였다. 코로나19 치료제에 관련된 뉴스가 흘러나오면 관련 주식은 단기간에 몇 배씩 뛰어올랐다. 코로나19 치료제를 임상 시험하고 있다는 '카더라 기사'가 나면 개인들은 앞뒤 가리지 않고 주식을 매입했다. 그러다 결국 임상을 진행하지 않는다는 공시를 내보내면 관련 주식은 엄청나게 폭락하며 많은 피해자를 양산했다. 지인 중에도 코로나19 치료제가 임상시험 중이라는 정보를 믿고 바이오 분야에 투자한 사람이 있었다. 처음에는 10배 이상 뛰었지만 결국 별 효과가 없다는 것이 알려지자, 주식 가격은 다시 제자리로 돌아왔다. 지인은 70% 이상 손해를 본 상태로 그 주식을 아직도 보유하고 있다.

누군가가 얼마를 벌었다는 소문과 몇 배 더 오른다는 유언비어는 너무 자주 들려온다. 따라서 정확하지 않은 정보에 휘둘리지 않는 뚝심이 필요하다. 투자 철학이 없는 이들에게 이런 정보는 달콤한 악마의 속삭임이나 다름없다. 어렵게 모은 자산을 근거 없는 뉴스와 사람들의 소문에 의지하는 것을 볼 때마다 안타깝다.

시드머니를 모으는 동시에 근거 없이 떠다니는 정보는 걸러내고 스스로 분석해 안전하게 투자해야 한다. 투자는 투자자가 주체적으로 투자에 임해야 후회가 없고 실력이 쌓인다. 그렇게 경험이 쌓인 다음에야 성공한 투자자가 될 수 있다.

뇌동 매매 투자

매매를 시작하기 전에 손절매 라인을 정하고 분할 매수, 분할 매도 비중을 정한 다음 몇 퍼센트의 수익을 목표로 할 것인지 시나리오를 세우고 투자에 임해야 한다. 시나리오를 설정하고 투자에 임하는 투자자와 그렇지 않은 투자자의 차이는 프로 도박사와 아마추어 도박사가 포커를 치는 확률과 같다. 아마추어는 프로를 절대 이길 수 없다. 프로는 게임 도중 자신의 승리 확률을 계산하고 게임에 임한다. 투자도 마찬가지다.

손절매 라인을 몇 퍼센트로 정할지, 수익이 나면 몇 퍼센트부터 분할 매도에 들어갈지, 시장에 변수가 생기면 매매할지 보유할지도 미리 생각해봐야 한다. 이처럼 투자를 시작하면 수많은 선택지가 내 앞에 펼쳐진다. 수많은 선택 사항을 고려한 뒤 시나리오 매매를 해야 어려운 투자 환경에서도 돈을 벌 수 있다.

시나리오 매매의 반대는 뇌동 매매다. 뇌동 매매는 손절매, 매매 규칙, 기업 분석, 분할 매수, 분할 매도 시기에 기준 없이 분위기에 휩쓸려 투자하는 형태다. 준비 없이 투자를 시작한 개인들이 단기간에 돈을 잃었을 경우 자주 뇌동 매매하게 된다. 급등하는 주식을 잡아 손실을 복구하고 싶은 마음에 투자하고자 하는 주식이 어떠한 방식으로 진행되고 있는지, 버블 구간인지, 투자하는 회사의 재무제표조차 확인하지 않고 투자에 뛰어든다. 그렇게 뇌동 매매한 주식이 떨어지게 되면 무서워 팔아버리고, 반대로 주식이 올라가더라도 손실을 복구하고 싶은 마음에 매도하지 못한다. 결국에 주식이 재차 떨어지면 다시 매도하는 악순환을 반복하게 된다. 그러다 보면 어느새 자산이 아이스크림 녹듯 없어진 경험을 하게 된다.

누구나 한 번쯤은 뇌동 매매를 해본 경험이 있을 것이다. 상한가 따라잡기, 하한가 따라잡기, 급등 주식 투자, 테마주 투자를 해본 적이 있을 수도 있다. 뇌동 매매하게 되면 숨이 가빠오고 눈이 빨갛게 달아오르고 심장이 뛰는 경험을 하게 된다. 안절부절하며 투자에 임하게 된다. 주식이 올랐다 떨어지기를 반복하면 마음도 우울증과 조증을 반복하듯이 오르락내리락한다. 이와 같은 현상이 하나 더 있다. 바로 도박이다. 뇌동 매매로 인해 투자가 아닌 도박을 하고 있다면 주식시장에서 절대로 살아남을 수 없다.

단기간에 돈을 잃었다면 마음을 가라앉히고 돈을 잃지 않는 투자 방법을 공부하고 실패를 복기해보며 심기일전하자. 적은 시드머니로 다시 성공 방정식을 만들어내 자신감을 키우면서 성공 확률을 높여나가야 한다. 안전한 투자가 제일이다.

선택의존 투자

2023년 3월,《연합뉴스》에서 투자 리딩 방 사기에 대한 기사를 다룬 적이 있다. 이는 카카오톡 공개 채팅방 등을 이용해 허위 투자 정보를 퍼뜨려 피해자들이 주식이나 코인에 투자하도록 유인한 뒤 투자금을 가로채는 수법이다.

아마 문자로 10% 수익이 보장된다거나, 매달 30% 수익을 보장해준다는 투자 유도 문자를 받은 적이 있을 것이다. 투자를 전혀 모르는 사람들이나, 초보 투자자, 사회 초년생이 이런 메시지에 자주 반응한다. 이처럼 리딩 방 운영자들은 무작위적으로 정보를 뿌려 많은 사람들을 채팅방으로 초대한 다음, 거래소 사이트에 회원 가입을 유도한다.

이들은 처음에는 적은 돈을 입금하게 하고 그에 대한 수익을 돌려주는 방식으로 확실히 믿게 만든다. 또한 가짜 인증을 올려 사람들을 홀린다. 그렇게 투자처를 믿은 개인들이 추가로 큰 금액을 송금하면 사이트를 폐쇄하고 잠적한다. 이런 형태의 투자 사기를 다단계 투자 사기라고도 한다. 기사에 따르면 리딩 방 사기 금액만 150억 원에 달했다고 한다. 투자 세계에서 돈을 타인에게 맡기는 행위는 무조건 사기라고 보면 된다. 투자뿐만 아니라 개인 간 거래도 마찬가지다. 내 호주머니에 있을 때에만 내 돈이다. 남에게 내 소중한 돈을 맡기는 일은 절대 해서는 안 된다.

최근에는 허위사실을 유포하는 리딩 방 사기도 발생했다. 유튜브나 대형 포털사이트에서 카페를 운영하며 유명해진 개인이나 단체가 유료 회원을 받아 실시간 투자 리딩을 하며 개인들을 모은다. 추종하는 개인이 100명 단위일 때는 큰 힘을 발휘하지 못하지만, 1,000명 이상이 한 사람을 믿고 추종한다면 이야기는 달라진다. 한 명이 1,000명 이상을 좌지우지하는 힘을 가지게 되고 그 힘을 바탕으로 시세 조정이 가능하게 된다.

얼마 전 50만 명 넘는 구독자를 보유한 주식 유튜버가 경찰에 구속됐다. 주식 분야에서는 이름 있는 유튜버였던 그는 개인 계좌를 공개하며 자신의 투자 실력을 자랑해왔다. 실제 그가 선정한 종목이 급등하기도 했다. 하지만 경찰 조사 결과, 선취매한 종목을 개인들에게 소개해 오를 수밖에 없는 근거를 제시하고 자신을 따라오게 시세를 조정했다. 1,000명 이상의 개인들이 한순간에 한 종목의 주식을 매입하니 주식이 올라갈 수밖에 없었기에 추종자들에게 그는 주식의 신처럼 느껴졌을 것이다.

하지만 주식이 오르면 그 유튜버는 차익을 실현하고 빠져나와 막대한 돈을 벌었고 눈치 빠르게 일찍 매도하고 차익을 얻은 소수를 제외하고 뒤늦게 투자한 이들은 막대한 손해를 입게 됐다. 그 유튜버는 자신을 추종하는 개인들이 매수를 해주니 미리 선취매해 편하게 돈을 벌었다. 이처럼 스스로 현명해지지 않으면 눈 뜨고 코 베이는 상황이 발생한다.

세상은 내 입맛에 맞는 정보를 떠먹여주지 않는다. 기관과 외국인 투자자 사이에서 살아남기도 힘들지만 카더라 통신, 리딩 방, 실체 없는 뉴스에 혹할 수밖에 없는 환경에 놓여 있다. 과거보다 더 빨라진 속도 덕에 하루에도 수천 개의 정보가 들어온다. 결국 스스로 도움되는 정보와 필요 없는 정보를 걸러내고 자신만의 투자 방식을 만들어내야 비로소 수익을 내는 투자자로 살아갈 수 있다.

방대한 정보의 홍수 속에서 개인들이 그 많은 정보를 공부하고 체득해서 사용하기란 여간 어려운 게 아니다. 그러므로 안전하고 간단하면서 지속할 수 있는 투자 방법인 복리를 통한 지수 추종 ETF에 투자하는 것을 추천한다.

인생은 흔들리지 않는
투자 습관을 만드는 여정이다

운전을 하는 사람이라면 의식하지 못한 채 과속하는 자신을 발견한 적이 있을 것이다. 페달을 세게 밟았는지조차 인지하지 못한 채 무심코 계기판을 보니 150킬로미터가 찍혀 있다. 뒤를 돌아보니 가족이 타고 있다. 순간 브레이크를 밟아 속도를 낮춘다. 식은땀이 이마를 타고 흐른다. 주식 또한 마찬가지다. 단기 투자에 집착한다면 앞만 보고 달려가게 된다. 자신의 속도를 모른다면 큰 사고로 이어질 수 있다. 그리고 사고가 나고서야 비로소 깨닫게 된다.

나 역시 과거에는 단기 투자를 즐기는 트레이더였다. 그러나 오랜 투자 생활 후, 단기 투자로는 성공하기 힘들다는 결론에 이르렀다. 단기 투자에 성공한다 하더라도 한 번의 실패는 모든 상황을 원점으로 돌려놓았다. 마음이 급해 주식에서도 과속 운전을 했던 것이다. 남들과 비교를 하다 보니 남들보다 빨리 많이 벌고 싶었던 게 원인이었다. 더 좋은 차, 더 큰 집, 더 많은 여행을 꿈꿨다. 내가 현재 얼마의 돈이 있다면 만족할 수 있을까? 그리고 부자가 되어야만 행복할까? 부자가 되기 위해서는 100억 원은 있어야 할까?

만약 투자를 하는 과정이 편안하고 확신이 있다면 지금 당장 부자가 되지 않아도 마음에 부가 한가득 들어차게 된다. 지금의 과정은 부자로 가기 위한 과정이다. 자신이 하는 투자에 확신이 생긴다면 주어진 시간을 의미 있게 보낼 수 있다. 단기 투자로 빨리 부자가 되고 싶어 안절부절하는 나보다, 미래에 확신에 찬 내가 보인다면 그 과정은 훨씬 행복하다. 어차피 우리의 시간은 한정되어 있다. 회사에 가고, 가족과 시간을 보낸다. 자기계발을 하거나 취미 활동을 한다. 그리고 나의 소중한 시간을 가족들, 친구들, 지인들과 보내는 것도 중요하고 미래를 준비하는 성장의 시간도 필요하다. 이처럼 사고의 전환을 통해 주도적인 삶을 살아갈 수 있다.

주위에서 단기 투자 기법도 소개해주면 어떠냐는 말을 많이 들었지만 단칼에 거절했다. 각 개인의 실력, 투자 심리, 자금 규모 모두 다르기 때문이다. 그보다는 누구나 안전하고 마음 편하면서 보편적으로 할 수 있는 투자 방법을 소개하는 것이 목적이었다. 돈도 중요하지만, 사랑하는 사람들과 보내는 시간도 소중하다. 물론 재정적으로 여유가 있다면 좀 더 마음은 편할 것이다. 하지만 우리는 돈을 벌어 자유를 얻고자 했다는 것을 잊으면 안 된다. 즉, 돈이 우선이 되어서는 안 된다. 타인에게 해가 되지 않는 범위에서 노후를 준비하는 방법은 복리 투자뿐이었다. 투자를 하는 과정에서 내가 사랑하는 사람들과 행복한 시간을 즐기고 내면을 성장시키는 시간을 보냈으면 하는 바람을 담았다. 이 책을 기초로 해 각자의 복리 투자 방법을 찾아가길 바란다.

39세에 돈 걱정 없는 노후를 완성한 월급쟁이 부자의

ETF 사용설명서

초판 1쇄 발행 2024년 4월 22일
초판 3쇄 발행 2024년 8월 5일

지은이 제이투
발행인 선우지운
편집 이승희
표지디자인 엄혜리
본문디자인 박은진
마케팅 김단희
제작 예인미술

출판사 여의도책방
출판등록 2024년 2월 1일(제2024-000018호)
이메일 yidcb.1@gmail.com

ISBN 979-11-987010-2-2 03320